海外に学ぶ

ポストコロナの

銀行モデル

——ピンチはチャンス

LEARN FROM OVERSEAS CASES
ABOUT THE BANKING MODEL IN THE WORLD
OF POST COVID-19 PANDEMIC.
TOUGH TIMES BRING OPPORTUNITY.

Y's Research

山田能伸 [著]

一般社団法人 **金融財政事情研究会**

推薦の言葉

リーマン危機直後に発刊された山田能伸氏の前著『地域金融』では、「多くの地域銀行にとって再編は喫緊の課題ではない」としながらも、このままではいずれ縮小路線に向かわざるをえないとして、ウェルズ・ファーゴなど広域連合によって勝者となった銀行の事例が紹介されていた。

それから10年余が経ち、地銀の再編はいよいよ現実のものになってきた。人口減少のみならず、デジタル化がもたらす不連続な変化が、邦銀全体にビジネスモデルの転換を迫っている。このタイミングで、銀行のビジネスモデルに精通した山田氏の新著が発刊されたことは喜ばしい。

本書を貫く横軸は、「DX」と真の意味の「消費者目線」である。現在のデジタル革新を牽引するのは消費者ニーズだから、この2つはコインの表と裏だといっていい。多くの邦銀はこれらの重要性を十分に認識しながらも、実際の自己変革は決して容易ではない。

本書には、DXで先行する海外銀行の豊富な事例が紹介されている。顧客が商品を実際に購入するまでのプロセスを細分化して分析する「カスタマー・ジャーニー」というマーケティング手法が銀行経営にも必須であることや、勤務先への愛着や信頼を意味する「従業員エンゲージメント」が実はDX成功に深くかかわっていることなど、事例の選択そのものに筆者の問題意識がよく表れている。

山田氏は、長年にわたってアナリストとしてマーケットから高い評価を得てきた。加えてコンサルタントの経験もあり、金融機関の果たすべき役割に深い関心を持ち続けてきた。日本企業の生産性向上や地域経済の活性化に、銀行は深く関与する。本書を通して、日本の金融機関に期待する山田氏のメッセージが広く共有されることを願っている。

政策研究大学院大学特別教授

大田　弘子

顧客に寄り添うテクノロジーカンパニーへの転換

12年前の地銀再編論

　筆者は2009年、『地域金融——勝者の条件』（金融財政事情研究会）を上梓、持株会社方式による地銀の大合同を提唱した。人口減少に対応し、よりよい顧客サービスを提供するため、各地域の銀行のブランド名を残しながら本部機能やガバナンス、後方事務部門を一体化するというアイデアである。その後、統合はある程度進んだものの、業界全体の流れにはなっていない。

　2020年、菅義偉首相の「将来的には、（地銀の）数が多すぎるのではないかと思う」との発言が大きな関心を集め、金融庁や日銀も地域金融機関の統合に向けてのインセンティブを相次いで用意した。ただ、マイナス金利の継続など邦銀、特に地域金融機関を取り巻く環境は厳しさを増しており、12年前ならいざ知らず、統合や再編で解決するほど問題は単純ではなくなっている。

　問題解決の手がかりは、最近の社会の変化を理解することにある。2009年以降、世界中でデジタルトランスフォーメーション（DX）が進行する一方、ESGやSDGsが企業行動の規範になりつつある。

デジタルネイティブ層の台頭

　環境、社会、ガバナンスの調和を図るESGや長期的に持続可能な成長を目指すSDGsは、いまや世界中で企業経営の潮流となりつつある。その背景には、企業の社会貢献が重要と考えるミレニアル世代（1981〜1995年生まれ）が社会の中核を占めつつある事実がある。ミレニアル世代はインターネットのある環境で育ち、しばしば「デジタルネイティブ」と呼ばれる。

　社会が豊かになり経済成長率が鈍化すると、産業革命以来続いた「親の世代より豊かになる」という期待は薄れ、環境問題など経済成長の負の側面が

目立つようになる。富の配分が偏ることによる社会の分断や、SNS上をにぎわすFake News（嘘の情報）も負の側面だろう。

　現在は、新たな人生の規範を世界中のミレニアル世代が模索している局面にある、と筆者は考える。銀行がDXに注力するのは、現在のビジネスモデルがこうした社会の変化に対応できていないためである。

供給者の視点と需要者の視点

　邦銀の経営がむずかしくなっているのは、何もマイナス金利政策のためだけではない。経営陣が規制時代の考え方から抜け出せず、顧客サービスに銀行の都合や思い込みによるものが多いためである。

　徹底した顧客目線の導入には、カスタマーエクスペリエンス（CX）の視点が欠かせない。DXやCXに関しては、識者やコンサルタントからさまざまな提案がされているが、技術論より重要なものは株主や従業員が納得できる仕組みの構築だろう。適正な利益を確保したうえで、株主に対しては株主還元が、従業員に対しては報酬とプロとしてのやりがいが必要である。

　利益の出ないDX、CX、リレーションシップバンキングは持続可能ではない。銀行の企業文化が活性化するためには、従業員エンゲージメント（自発的な経営への参画）や、ジョブ型雇用制度の導入も欠かせない。

日本のプレゼンス低下と失われた20年

　世界の銀行が社会の変化に対して懸命に対応し、チャレンジャーバンクがニッチからメジャーな存在になりつつあるなかで、邦銀の動きは後追いになっている。2000年前後の金融危機で邦銀の間で共有された危機意識は、2008年のリーマンショックを乗り越えたことで薄まった。世界のなかで、邦銀がリスクをとって改革の旗手になることはなかった。

　日米欧、そして日本を除くアジアでの株価推移をみれば、日本の失われた10年はいまや20年になり、その出口も見通せなくなっている。それでは、銀行は個別企業として何をどう変えていけばいいのだろうか。

いま、必要なのは理想論や概念論でなく、10年後を見据えた実現可能な施策だろう。課題は、施策の実現に時間とコストがかかることにある。DX、CX、従業員エンゲージメントの促進が単独ではむずかしい場合、提携や統合が有力な選択肢になる。

海外事例で重要なものは収益構造の分析

本書では、週刊金融財政事情に連載された「海外に学ぶポストコロナの銀行モデル」を、チャレンジャーバンクを中心に大幅に加筆した。

一般に、海外事例の紹介ではフィンテック系企業の新事業や、DXに成功した銀行を礼賛したものが多い。たしかに、使い勝手がよい革新的なサービスは利用者の支持を集める。ただ、日本への応用にあたっては、収益構造の分析が欠かせない。無料サービスでいくら利用者を集めても、収益化できなければ経営的には何の意味もない。

ポストコロナとは、ミレニアル世代の影響力がいま以上に増す世界である。邦銀がすべてのステークホルダーに資するためには、「顧客に寄り添うテクノロジーカンパニー」へ経営の舵を切るべきだろう。本書がその参考として、少しでもお役に立てるのであれば幸いである。

（なお、本書における為替レートは2020年12月末のものを使用している）。

2021年7月

Y's Research代表

山田　能伸

【著者紹介】

山田　能伸（やまだ　よしのぶ）

1955年生まれ。1978年慶應義塾大学経済学部卒業、1984年ペンシルバニア大学ウォートンスクール経営学修士（MBA）。

1978年、富士（現みずほ）銀行入行。本所支店、資金証券部、ニューヨーク支店、総合企画部金融調査室などに在籍。

1994年、CSファーストボストン証券に入社、証券アナリスト（邦銀株担当）に転じる。1995年、スミスニューコート証券を経て、メリルリンチ日本証券に入社。2008年、英国に本社を置くプライベート・エクイティ・ファンドのオリバント・アドバイザーズに転籍。2009年にドイツ証券でアナリストに復帰、2019年まで在籍。

この間、インスティテューショナルインベスターズ誌の邦銀株アナリストランキングで第1位を6回、日経ランキングで第1位を5回取得するなど、市場から高い評価を得る。経済産業省産業構造審議会「産業金融部会」、金融審議会「公的資金に関するWG」、全銀協・経団連「私的整理ガイドライン研究会」、金融審議会「我が国金融業の中長期的在り方WG」などの委員を歴任。

2019年、PwCアドバイザリーにシニア・アドバイザーとして入社、金融機関向けのコンサルティングなどに従事。2020年、金融・経済調査、コンサルティングを主体とするY's Researchを設立、代表就任。

Y's Researchの連絡先は、

〒107-0062　東京都港区南青山2-2-15　ウィン青山942

y.yamada@ys-rsch.page

目　　次

第3章　DBS─世界のベストバンク─

第4章　トゥルイスト—新しい地銀統合のかたち—

第5章　U.S.バンコープ─従業員エンゲージメント─

第8章　チャレンジャーバンク(1)―レボリュート、N26―

第9章	チャレンジャーバンク(2) —オークノース、クラーナ、ヌーバンク—

第10章	チャレンジャーバンク(3) ―チャイム、ワイズ、総括―

第 1 章

問題の本質
―旧世代の価値観―

1 時価総額が示す新しい時代：
まずDX、次にESG、SDGs

顔触れが一変した世界の株式時価総額ランキング

　1989年12月、日経平均は３万8,915円の最高値を記録した。その時点で、世界の株式時価総額ランキングのトップ10には、NTTを筆頭に７社の日本企業がランクインしており、うち５つが銀行であった。その31年後の2020年12月、トップ10から日本企業が姿を消し、GAFA（グーグル、アマゾン、フェイスブック、アップル）やテンセント、アリババなどプラットフォーマーが上位を占めた（図表１－１）。

　トップ50の顔ぶれをみると、日本企業でランクインしているのは39位のトヨタ自動車だけである。IT企業では32位にアドビ、34位にネットフリックスなど錚々たる顔ぶれが並ぶ。金融では13位のビザ、18位のマスターカード、28位のペイパルといったクレジットカード会社や決済系企業がランクインしている。銀行ではJPモルガンチェースの16位が最高で、中国工商銀行（27位）、バンク・オブ・アメリカ（29位）の順位はペイパルとほぼ同じである。

　この劇的な変化をもたらした背景には、日本ではバブル経済の崩壊とその後の経済の長期的低迷、世界ではIT技術の進展による経済全体のデジタル化があった。時価総額トップ企業の評価額は30年で14倍になったが、GAFAの株価が一段と上昇した2019年の株価パフォーマンスからは、コロナ禍でデジタル化の流れがさらに加速すると市場が判断したことがわかる。

　GAFAやアリババに関しては、その影響力の大きさから独占禁止法に関連する議論も出ているが、30年前にはアップルを除いてどの会社も設立されていなかったことが重要だろう。スタートアップ企業が瞬く間に全世界のリーディングカンパニーになった要因には、そうした企業が時代の流れを先取り

図表1-1　世界の株式時価総額ランキング

[1989年12月29日]

順位	会社名	国	時価総額 （億ドル）
1	NTT	日本	1,639
2	日本興業銀行	日本	716
3	住友銀行	日本	696
4	富士銀行	日本	671
5	第一勧業銀行	日本	662
6	IBM	米国	647
7	三菱銀行	日本	593
8	エクソン	米国	549
9	東京電力	日本	545
10	ロイヤルダッチシェル	オランダ	544

[2020年12月31日]

順位	会社名	国	時価総額 （億ドル）
1	アップル	米国	23,005
2	サウジアラムコ	サウジアラビア	20,517
3	マイクロソフト	米国	16,610
4	アマゾン	米国	16,376
5	アルファベット（グーグル）	米国	12,024
6	フェイスブック	米国	7,606
7	テンセント	中国	6,933
8	テスラ	米国	6,689
9	アリババ	中国	6,205
10	バークシャーハサウェイ	米国	5,494

（出所）　Reuters、Yahoo! Finance

し、かつ的確に対応したことがあげられる。

　投資家の期待は、2020年の時価総額ランキングで8位に躍進した電気自動車メーカーのテスラにもみられる。同年の販売台数がトヨタの30分の1にすぎないテスラへの市場評価は、デジタル化の次の大きな流れが、ESG（環境、社会、ガバナンス）やSDGs（持続可能な開発目標）になることを示唆している。

過去の成功体験から脱せない日本企業

　日本企業がデジタル化に乗り遅れた背景として、多くの識者が、世界的な評価を得た高品質のモノづくり（製造業）に対する成功体験があると指摘する。日本企業にとってここ数年、DX（デジタルトランスフォーメーション）が大きなテーマになっているが、これは米国や中国などDX先進国へのキャッチアップ的な対応にすぎないという見方がある。

　日本企業全体が過去の成功体験から抜け出せず、時代の変化に取り残されているが、銀行業界もその例外ではない。1989年の時価総額ランキングで、邦銀がトップ10の半分を占めたことが一概に成功体験とはいえないが、この30年で銀行員の行動原理や人事体系に大きな変化があったとは思えない。

　デジタル庁の新設など、今後は政府主導のDXが進む。日本の社会全体がデジタル化するなかで、銀行のDXは喫緊の課題である。また、次のテーマであるESGやSDGsの推進は、自らのためだけではなく顧客と問題を共有して対応策を考えていく必要があるだろう。

2 世界の先陣を切る日本の人口減少： 効率化が必要な理由

人口ボーナスと人口オーナス

　2020年の世界の株式時価総額ランキングで、トップ50に入る日本企業が
たった1社になってしまった理由としては、DXの遅れによる国際競争力の
低下が指摘されるが、もう一つ重要なポイントは人口の減少だろう。

　図表1－2は国連経済社会理事会による世界各国の人口予測だが（2019
年）、同年の世界の人口は77.14億人で、うち日本は1.27億人となっている。
世界の国を人口順に並べると、中国を筆頭にインド、米国、インドネシア、
ブラジル、パキスタン、ナイジェリア、バングラデシュ、ロシア、メキシコ
と続き、日本は世界で11位に位置する。邦銀メガバンク2行が現地銀行を買
収したインドネシアの人口は日本の2倍強だが、2050年にかけて人口増加が
続く。

　日本で1960年代の高度成長期にみられたように、労働力の増加により経済
成長が促進されることを人口ボーナスと呼ぶ。インドネシアだけでなく、メ
キシコやインドでもボーナス期が続くことが予想される。国連は、2027年に
はインドの人口が中国を抜くとみているが、米国も人口増加が続くことが注
目される。

　翻って日本は、すでに2019年の段階で65歳以上の人口が全体に占める割合
が28％と突出して高く、少子高齢化と人口減少が同時に進むと予想されてい
る。人口の減少が経済成長を妨げることを人口オーナスと呼ぶが、日本はす
でにオーナス期に入っているとの見方が多い。

　政府は高齢者や女性の雇用増加につながる施策を打とうとしているが、日
本企業の人事体系が年功序列、終身雇用を基本としている限り、その実効性
には疑問が残る。定年の延長には人件費増加のほか、高齢者、若年層のどち

図表1-2　世界各国の人口動態（百万人、年央値）

	2019年	2030年（予）	2050年（予）	2019年 65歳以上（%）	2019-2050年 増減率（%）
合計	7,713.5	8,548.5	9,735.0	6	26.2
日本	126.9	120.8	105.8	28	-16.6
米国	329.1	349.6	379.4	16	15.3
ドイツ	83.5	83.1	80.1	22	-4.1
英国	67.5	70.5	74.1	19	9.8
ブラジル	211.1	223.9	229.0	9	8.5
ロシア	145.9	143.3	135.8	15	-6.9
インド	1,366.4	1,503.6	1,639.2	6	20.0
中国	1,433.8	1,464.3	1,402.4	11	-2.2
インドネシア	270.6	299.2	330.9	6	22.3
タイ	69.6	70.3	65.9	12	-5.3
ベトナム	96.4	104.1	109.3	8	13.4
トルコ	83.4	89.2	97.1	9	16.4
メキシコ	127.6	140.9	155.2	7	21.6

（出所）　World Population Prospects 2019, United Nations Department of Economics and Social Affairs

　らにも、どうインセンティブを確保するかという問題がある。女性の雇用増加、特に役員登用に関しては、北欧諸国のように性別クオータ制度（法律で一定割合の登用を義務づける）の導入を検討すべきだろう。

　人口ボーナス地域への業務展開が可能なメガバンクと違い、地域金融機関はそのホームマーケットと向かい合わなければならない。昨年、菅義偉首相が「地銀の数は多すぎる」と発言して以来、メディアの関心は再編に向かっており、金融庁や日銀もさまざまな支援策を発表している。

　地銀の持続可能なビジネスモデルに関しては、ここ数年、当局が高い問題

意識を示しているが、地銀の経営陣が持続可能なモデルをどう構築すべきかに関しては、具体的な提案や、業界のコンセンサスはない。

ほぼ横ばいの地銀数

12年前に拙著『地域金融──勝者の条件』で提唱したのは、一つの持株会社の下に3行以上、理想的には10行程度が集結する大連合構想だったが、もう一つのテーマは「現実に向き合う」ことだった。Face Realityとは中長期的なホームマーケットの変化を直視し、痛みが伴うものであっても、改革を実行することを指す。

図表1−3は国立社会保障・人口問題研究所が2018年に発表した人口予想であるが、2015年の人口を基準にした場合、2030年までの人口減少は日本全体で6.3％、2040年まででは12.7％となる。地域別にみた場合、2030年、2040年とも東京都、沖縄県を除くすべての道府県で15年比の人口が減少する。秋田県では2030年の段階で20％台、2040年の段階で30％台の減少となる。首都圏の1都3県でも、一部の市区町村で人口減少が始まっている。

これに対応して、全国の市町村数は1990年の3,246からいわゆる「平成の大合併」を経て、2020年には1,724まで減少した（図表1−4）。人口が減少すれば行政サービスも効率化されるべきであり、政府により合併が推奨された。

一般に市町村を営業基盤とする信用金庫の数はこの間、451から255まで減少している。減少率は43％で、市町村数の減少率の47％とほぼ見合っている（職域などをベースとする信用組合数は65％減少した）。第二地銀協加盟銀行（第二地銀）も68から38へ44％の減少となったが、地銀協加盟銀行（地銀）は64から62へとほぼ横ばいとなっている。

これが菅義偉首相の地銀過剰論につながっているが、一般論として、地銀の営業基盤である都道府県の数が変わらないことに加え、創業以来100年を超える銀行が多く、株式含み益など過去の蓄積が厚めにあることが、合併が進まない要因としてあげられるだろう。また、実際の統合では持株会社に既

図表1-3　将来の都道府県別総人口（千人）

(2015年比)

地域	2015年	2020年	2030年	2040年	増減	
					2030年	2040年
全　　国	127,095	125,325	119,125	110,919	−6.3%	−12.7%
北 海 道	5,382	5,217	4,792	4,280	−11.0%	−20.5%
青 森 県	1,308	1,236	1,076	909	−17.7%	−30.5%
岩 手 県	1,280	1,224	1,096	958	−14.3%	−25.1%
宮 城 県	2,334	2,296	2,144	1,933	−8.2%	−17.2%
秋 田 県	1,023	956	814	673	−20.4%	−34.3%
山 形 県	1,124	1,072	957	834	−14.8%	−25.8%
福 島 県	1,914	1,828	1,635	1,426	−14.6%	−25.5%
茨 城 県	2,917	2,845	2,638	2,376	−9.6%	−18.5%
栃 木 県	1,974	1,930	1,806	1,647	−8.5%	−16.6%
群 馬 県	1,973	1,926	1,796	1,638	−9.0%	−17.0%
埼 玉 県	7,267	7,273	7,076	6,721	−2.6%	−7.5%
千 葉 県	6,223	6,205	5,986	5,646	−3.8%	−9.3%
東 京 都	13,515	13,733	13,883	13,759	2.7%	1.8%
神奈川県	9,126	9,141	8,933	8,541	−2.1%	−6.4%
新 潟 県	2,304	2,224	2,031	1,815	−11.8%	−21.2%
富 山 県	1,066	1,035	955	863	−10.5%	−19.0%
石 川 県	1,154	1,133	1,071	990	−7.2%	−14.2%
福 井 県	787	764	710	647	−9.8%	−17.7%
山 梨 県	835	801	724	642	−13.2%	−23.1%
長 野 県	2,099	2,033	1,878	1,705	−10.5%	−18.8%
岐 阜 県	2,032	1,973	1,821	1,646	−10.4%	−19.0%
静 岡 県	3,700	3,616	3,380	3,094	−8.7%	−16.4%
愛 知 県	7,483	7,505	7,359	7,071	−1.7%	−5.5%
三 重 県	1,816	1,768	1,645	1,504	−9.4%	−17.2%
滋 賀 県	1,413	1,409	1,372	1,304	−2.9%	−7.7%
京 都 府	2,610	2,574	2,431	2,238	−6.9%	−14.3%
大 阪 府	8,839	8,732	8,262	7,649	−6.5%	−13.5%
兵 庫 県	5,535	5,443	5,139	4,743	−7.1%	−14.3%
奈 良 県	1,364	1,320	1,202	1,066	−11.9%	−21.8%
和歌山県	964	921	829	734	−14.0%	−23.8%
鳥 取 県	573	556	516	472	−10.0%	−17.7%
島 根 県	694	670	615	558	−11.4%	−19.6%
岡 山 県	1,922	1,890	1,797	1,681	−6.5%	−12.5%
広 島 県	2,844	2,814	2,689	2,521	−5.4%	−11.4%
山 口 県	1,405	1,352	1,230	1,100	−12.4%	−21.7%
徳 島 県	756	723	651	574	−13.8%	−24.0%
香 川 県	976	951	889	815	−9.0%	−16.6%
愛 媛 県	1,385	1,333	1,212	1,081	−12.5%	−22.0%
高 知 県	728	691	614	536	−15.6%	−26.3%
福 岡 県	5,102	5,098	4,955	4,705	−2.9%	−7.8%
佐 賀 県	833	810	757	697	−9.1%	−16.3%
長 崎 県	1,377	1,321	1,192	1,054	−13.4%	−23.5%
熊 本 県	1,786	1,742	1,636	1,512	−8.4%	−15.4%
大 分 県	1,166	1,131	1,044	947	−10.5%	−18.8%
宮 崎 県	1,104	1,067	977	877	−11.5%	−20.6%
鹿児島県	1,648	1,583	1,437	1,284	−12.8%	−22.1%
沖 縄 県	1,434	1,460	1,470	1,452	2.5%	1.3%
減少県	39	42	45	47	―	―

（出所）　国立社会保障・人口問題研究所（2018年）

図表1－4　地域金融機関と市町村の数

西暦	地銀協加盟銀行	第二地銀協加盟銀行	信用金庫	信用組合	全国市町村数
1990年	64	68	451	414	3,246
1995年	64	64	416	369	3,234
2000年	64	54	371	280	3,230
2005年	64	48	292	172	2,395
2010年	64	42	271	158	1,727
2015年	64	41	265	153	1,724
2020年	62	38	255	145	1,724

（注）　それぞれの数字は年度末ベース。
（出所）　日本銀行、全国銀行協会、預金保険機構、総務省

存銀行がぶら下がるケースでは合併まで進む事例が多くないことや、メガバンクのように合併の効果が出るまでに時間がかかることも影響していると思われる。

3 変化に対応できない邦銀：
温存される昭和の価値観

オーバーローン時代から変わらない支店配置、人事制度

　戦後の金融システムを特徴づけたのは、オーバーローンであった。銀行にとっては、企業の旺盛な資金需要をまかなうために預金の獲得が必須であった。預金金利、貸出金利とも規制されているなかでは、預金量が貸出額、すなわち業績に直結していた。

　しかし、1994年に預金金利が完全に自由化されると、預金量の意味が薄れる。高い金利をつければ預金が集まり、その逆も成り立つためである。事

図表1－5　全銀行　預貸金の推移

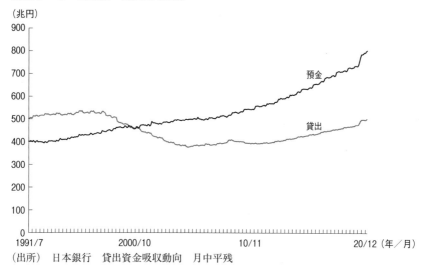

(出所)　日本銀行　貸出資金吸収動向　月中平残

　実、ネット専業行の一部では、貸出の増減を予想し、預金金利を調整すると
ころまである。金融メディアのなかには、いまだに預金額など資金量で銀行
をランク付けすることがある。また、一部の金融機関では預金集めのための
ボーナスキャンペーンを実施しているが、これらは時代遅れの発想だろう。
　マクロ的に企業が資金余剰部門になったことで、2000年には銀行の国内貸
出と預金が逆転した（図表1－5）。その後、ギャップは開くばかりで、企業
がコロナ禍での早めの借入れをして預金に振り向けたこともあり、2020年12
月末には国内預金平残は約800兆円であるのに対して貸出平残は約500兆円と
なり、預貸率は62.5％まで低下した。この劇的な変化に、あらゆる点で対応
できていないのが現在の邦銀の姿である。

支店はコンサル業務の拠点へ

　まず、支店網である。いま、多くの銀行が取り組んでいる支店の削減やリ
ニューアルは、キャッシュレス化で銀行への来店客が減少したことへの対応

だが、そもそも支店とは何かの問いかけから始める必要があるだろう。

　いうまでもなく、いまの店舗網はターミナル駅や繁華街に立地するものが多い。その歴史を紐解くと、ほとんどの店が「預金吸収」を目的として開設されている。預金にフリーフロート（運用益）があった時代は、個人や地公体など純預金先は優良な顧客であった。

　しかし、日銀当座預金にマイナス金利が適用されている現在では、皮肉なことに純預金先は、コストセンターのようになっている。コストセンターをプロフィットセンターに変えるには、支店のあり方をこれまでの預金吸収から、個人向けには資産運用の相談窓口、法人向けには事業承継、販路拡大やDXなどのコンサルティング拠点に変えていく必要がある。

　こうした議論をすると、どの銀行も「改革を進めている」と答えるだろう。事実、キャッシュをまったく取り扱わない店舗や、無人ではあるが個室で本部スタッフと資産運用相談のできる支店が開設されている。しかし個人の資産運用相談や、法人向けコンサルティング業務は、何も銀行だけが手がけているわけではない。資産運用ではAIによる運用額が増加しつつあり、コンサルティング業務では専門性の高いさまざまなプレイヤーが参入している。こうした競合に打ち勝つためにはプロフェッショナルが必要である。ここで各行の経営陣に、「御行には真のプロ人材が何人いますか」という問いかけをしたい。

年功序列が色濃く残る銀行人事

　プロ人材とは、銀行に所属するかどうかを問わず、雇用者が市場で形成される給与を支払う価値のある人材を指す。わかりやすい事例は、プロ野球選手だろう。価値があれば他チームが引き抜きをして年俸が上がり、その反対のケースでは雇用調整（自由契約）の対象になる。プロ野球選手の雇用体系はジョブ型だが、銀行のみならず日本企業全体で圧倒的な多数派を占めるのは、メンバーシップ型である。日本企業がDXに乗り遅れた最大の要因は、高度成長期の成功体験に基づく人事制度にある、と筆者はみている。特に銀

行は昭和の年功序列、終身雇用の文化が色濃く残っている。

CX（カスタマーエクスペリエンス）を徹底するにはマーケティングの、DXではIT関連の専門家が必要だが、総合職は長期間の研修を経て、かつ適性がなければ専門家にはなれない。専門家を中途採用しても、適正な給与体系やキャリアパスを提示するのは容易でない。

プロ人材を内部キャリアに取り込む

そうした業務を外部のプロ人材に委託する手段もあるが、本書で紹介する海外の事例ではほとんどで、内部に取り込むことが成功につながっている。邦銀でもメガバンクでは、市場部門や海外部門で長いキャリアを積んだ行員が多い。特に市場部門では、債券、株式、外為でブルマーケット（価格の上昇局面）と、ベアマーケット（下落局面）を何回か経験することで、相場への感性が研ぎ澄まされる。

日本の金融機関全体の預貸率が62.5％まで低下した現在、市場部門は銀行の本業の一つといっていいだろう。預金の3分の1以上を市場運用に振り向けているなかで、業務純益から債券関係損益を除く「コア業純」の概念は、古色蒼然としている。

なお、海外では経営陣もプロフェッショナル化している。ある企業のCEOが同じ産業ではなく他産業のCEOにつくことは珍しくない。日本のように雇用ピラミッドの頂点に経営陣が位置するかたちは、終身雇用の枠内での内部昇進を前提にしているが、その場合でも経営者には、新しい経営手法を取り入れるための虚心坦懐さが必要になるだろう。

統合、再編でも問題は解決しない：鍵は発想の転換

整う当局によるサポート体制

2020年11月、金融庁は「地銀経営統合・再編等サポートデスク」の設置を発表した。また、12月の金融審議会の銀行制度ワーキンググループの報告書を受け金融機能強化法が改正され、合併や経営統合に踏み切る地銀に最大30億円の補助金を交付する制度が創設された。一方、日銀は同11月、3年間の期間限定で経営統合を決定、または経費削減（3年間で4％以上のOHR改善）をした地域金融機関の日銀当座預金に、0.1％の付利を行うと発表した。9月の菅義偉首相による「地銀の数は多すぎる」との発言以降、当局によるサポート体制が整ってきた感がある。

金融庁は2015年から年1回、金融行政方針を発表している。そのなかで、地域金融機関に関しては、当初からビジネスモデルの持続可能性の点検を求めている。日銀も半年に1回公表される金融システムレポートのなかで、地域金融機関の経営問題にたびたび触れている。

図表1－6は平成以降における地域銀行の経営統合だが、2020年に十八親和銀行が発足したほか、2021年には第四北越銀行と三十三銀行がスタートした。また、各行はすでに、ベンダー別にシステム統合に動いているほか（図表1－7）、さまざまな形式で業務提携を進めている（図表1－8）。

10年前に再編が進んでいれば……

もっとも、統合や再編だけで問題が解決するわけではない。一般論として、統合のメリットは規模の利益につきる。本部機能など重複部分を効率化し、人材の再配置で営業力の強化を図る。メガバンクでは、国際部門や投資銀行部門などの人材を厚めにすることで、業務の幅を広げてきた。そのなか

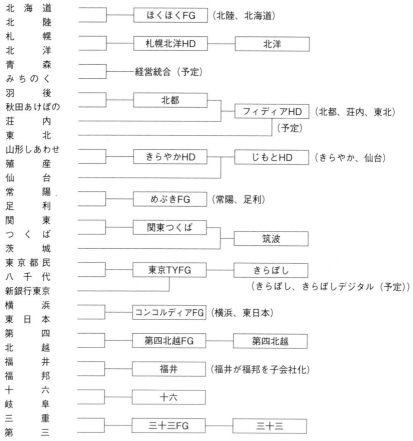

図表1−6　経営統合

北　海　道 ──┐
　　　　　　├── ほくほくFG　（北陸、北海道）
北　　　陸 ──┘

札　　　幌 ──┐
　　　　　　├── 札幌北洋HD ───── 北洋
北　　　洋 ──┘

青　　　森 ──┐
　　　　　　├── 経営統合（予定）
み ち の く ──┘

羽　　　後 ──┐
　　　　　　├── 北都 ──┐
秋田あけぼの ──┘　　　　│
　　　　　　　　　　　　├── フィディアHD　（北都、荘内、東北）
荘　　　内 ──┐　　　　　│　　　　　（予定）
　　　　　　├──────┘
東　　　北 ──┘

山形しあわせ ──┐
　　　　　　　├── きらやかHD ──┐
殖　　　産 ──┘　　　　　　　　　├── じもとHD　（きらやか、仙台）
仙　　　台 ─────────────┘

常　　　陽 ──┐
　　　　　　├── めぶきFG　（常陽、足利）
足　　　利 ──┘

関　　　東 ──┐
　　　　　　├── 関東つくば ──┐
つ　く　ば ──┘　　　　　　　　├── 筑波
茨　　　城 ─────────────┘

東 京 都 民 ──┐
　　　　　　├── 東京TYFG ──┐
八　千　代 ──┘　　　　　　　　├── きらぼし
新 銀 行 東 京 ──────────┘
　　　　　　　（きらぼし、きらぼしデジタル（予定））

横　　　浜 ──┐
　　　　　　├── コンコルディアFG　（横浜、東日本）
東　日　本 ──┘

第　　　四 ──┐
　　　　　　├── 第四北越FG ───── 第四北越
北　　　越 ──┘

福　　　井 ──┐
　　　　　　├── 福井　（福井が福邦を子会社化）
福　　　邦 ──┘

十　　　六 ──┐
　　　　　　├── 十六
岐　　　阜 ──┘

三　　　重 ──┐
　　　　　　├── 三十三FG ───── 三十三
第　　　三 ──┘

（注）　（　）内は持ち株会社傘下の銀行名。HD＝Holdings、FG＝Financial Group、
　　　　FHD＝Financial Holdings
（出所）　全国銀行協会、各行プレスリリース

で、地銀のシステム共同化は重複部門の効率化としてみることができるだろ
う。また、業務提携は部分的であっても、業務の幅を広げる効果がある。
　一方、経営統合でも持株会社をつくり、そこに既存銀行をぶら下げる方式
では、持株会社に傘下銀行の企画・管理機能を集約化しなければ、効率化は
限定的となる。また銀行同士の合併では、よほどの危機意識がない限り旧行

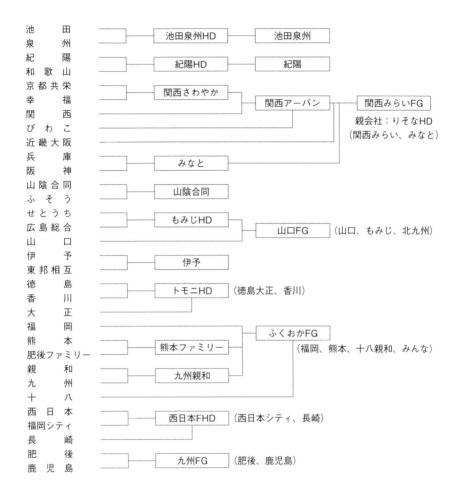

意識の払拭に時間がかかるだろう。2000年前後のメガバンク誕生の背景には、公的資金返済という喫緊の課題があった。

　地銀業界でも、現在より体力のあった10年前に再編が大きな波になっていれば、痛みを伴う改革を進められたと考える。現状で地銀が統合しても、市場の縮小や低利鞘環境が解決されるわけではない。極論すれば、「弱者」と

図表1－7　システム共同化

［NTTデータ］

MEJAR

（ハードは富士通）		
横浜	北陸	七十七
東日本	北海道	

STELA CUBE

（ハードは日立）		
きらぼし（都民←八千代・NEC）		
仙台	長野	福邦
富山	東北	神奈川
きらやか	但馬	名古屋（←富士通）

BeSTA Cloud

（ハードは日立）		
荘内	北都	
福岡中央	佐賀共栄	長崎
豊和	宮崎太陽	南日本
沖縄海邦（←IBM）		

地銀共同センター

（ハードは日立）		
京都	福井	鳥取
千葉興業	北越→第四（IBM）	西日本シティ
池田泉州	青森	足利→常陽（IBM）
四国	岩手	大分
愛知	秋田	
山陰合同（←日立）		

りそな銀行のシステムを使用

（ハードはIBM）	
関西みらい	みなと（←富士通）

［IBM］

Flight 21（広銀、FFG共同システム）

（福岡）	
福岡	熊本
親和←十八（ユニシス）	広島

TSUBASA

（基幹システム共同化）	
千葉	中国
第四←北越（NTT）	北洋
東邦（←富士通、2024）	
（サブシステム）	
伊予	
（他のグループ参加行）	
武蔵野（IBM）	滋賀（富士通）
琉球（IBM）	群馬（富士通）

Chance

（三菱UFJ）	
常陽←足利（NTT）	十六
山口	南都
北九州	百十四
もみじ	

じゅうだん会

（八十二）	
八十二	武蔵野
阿波	琉球
山形	宮崎
筑波	

伊予
住信SBI（→日立）　　沖縄海邦（→NTT）
島根（→報道：住信SBI）

りそな、あおぞら、ゆうちょ　　三菱UFJ、みずほ、三井住友信託、楽天

（出所）　各行、日本経済新聞、週刊金融財政事情

［日立］

NEXTBASE

徳島大正	香川
北日本	高知
第三←三重（NEC）	トマト
栃木	中京
大光	静岡中央
大東	

NEXTSCOPE （Banks' Ware）

肥後（→Linux）
みちのく（→Linux）
山陰合同（→NTT）

オープン勘定系 （Linux）

静岡（←富士通）
京葉（←日立メインフレーム）
肥後（←Banks' Ware）
滋賀（←富士通）
みちのく（←Banks' Ware）
住信SBI（←IBM）

［富士通］

PRO BANK

東邦（→IBM、2024）	
清水	西京

静岡（→日立）
群馬
滋賀（→日立）
名古屋（→NTT）
富山第一
東和
みなと（→関西みらい・NTT）

イオン

ソニー、新生（Linux）

[日本ユニシス]

Bank Vision

鹿児島	スルガ
大垣共立	紀陽
百五	山梨中央

北國 (on Azure)

（有明 3 行共同化）
十八→親和（IBM）
佐賀
筑邦

AlphAcross

福島

[NEC]

Banking Web 21

八千代→きらぼし（NTT）
三重→第三（日立）
東京スター

沖縄
愛媛

セブン

三井住友

図表1-8　主な業務提携

名称	参加行	スタート	主な施策
包括提携	フィディアHD（北都、荘内）、東北	2018年2月	東京支店の共同化（2019年5月）、市場運用の人材育成
千葉・武蔵野アライアンス	千葉、武蔵野	2016年3月	包括提携。2020年9月末までに122億円のシナジー効果
千葉・横浜パートナーシップ	千葉、横浜	2019年7月	取引先支援など。5年間で200億円のシナジー効果
TSUBASAアライアンス	千葉、東邦、群馬、武蔵野、第四北越、滋賀、中国、伊予、琉球、北洋	2015年10月	オープンAPI共通基盤開発、共同出資会社を設立、AMLセンター設置（2020年10月）
静岡、山梨アライアンス	静岡、山梨中央	2020年10月	包括提携。5年間で100億円のシナジー効果
四国アライアンス	伊予、百十四、阿波、四国	2016年11月	投資会社（2018年1月）、地域商社（2020年4月）の設立
西瀬戸パートナーシップ	山口FG、愛媛	2020年1月	サービサーの設立（2020年12月）、船舶金融の協業
沖縄経済活性化パートナーシップ	琉球、沖縄	2021年1月発表	バックオフィス業務の共同化。3年で2行合計20億円の経費削減を目指す

（出所）　ニッキン（2021年1月1日号）、日本経済新聞、各行プレスリリース

[異業種との提携]

SBI　第四のメガバンク構想	清水、福島、東和、じもとHD、島根、筑邦、筑波	2019年9月	有価証券運用の高度化、勘定系システム共通化（予定）
野村証券（金融商品仲介）	山陰合同、阿波	順に2019年8月、2020年1月	銀行の証券口座を野村証券に移管、地域銀行は対面営業に特化
日本郵便との共同窓口	南都、山陰合同	順に2019年11月、2020年6月	日本郵便、日本ATM、地域銀の3者で連携

[デジタル化関連]

I Bankマーケティングの協業	ふくおかFG、山梨中央、十六、南都、広島、佐賀、沖縄	2016年7月	マネーアプリ（Wallet+）の提供、地域商社事業での提携
MEJARデジタルイノベーションハブ	横浜、北陸、北海道、七十七	2018年12月	RPA活用など業務のデジタル化を推進
フィンクロス・パートナーシップ	筑波、群馬、千葉興銀、きらぼし、福井、池田泉州、山陰合同、四国	2018年5月	店舗のデジタル化、AI、RPA、バンキングアプリのUX向上
りそなHDとの戦略的業務提携	めぶきFG	2020年6月	りそなグループアプリを基盤としたバンキングアプリ開発

（出所）　ニッキン（2021年1月1日号）、日本経済新聞、各行・各社プレスリリース

「弱者」が統合しても、経営陣が昭和の発想にとらわれる限り「規模の大きい弱者」しか生まれない。

　メディアや識者の間では、どの地銀が統合するかといった議論が多いが、筆者は強い違和感を禁じえない。なぜなら、何のための統合かという本質が見過ごされているためである。統合でも単独行の業務効率化でも、それはすべてのステークホルダーのためにあるべきで、結果として「三方よし」にならなければ意味がない。

まずは複線的人事制度の導入を

　現在のCX、DXの流れを考えれば、銀行は何より「顧客に寄り添うテクノロジーカンパニー」への道を模索すべきだろう。そして、その先にはESGやSDGsがある。問題を顧客と共有し、ともに解決策を考えていくことが、地域社会への貢献にもつながる。後述するが、テクノロジーカンパニーへの変革は、株価など市場の評価にもつながる。

　一方、CX、DXを実現させるためには、現在の総合職を軸とするメンバーシップ型雇用体系を変えていく必要がある。ただ、人事体系を一気に変えることには、行員のモラールやインセンティブの問題が出てくる。当面はメンバーシップ型とジョブ型の複線的人事制度を導入し、社内のカルチャーを徐々にプロ指向にもっていくのが現実的な施策だろう。プロが増えることで仕事に対するやりがいが形成され、それが従業員の自発的な業績貢献につながれば、エンゲージメントの理想形に近づくと考える。

　なお、ジョブ型が中心の海外の銀行における人事部の機能は、研修、福利厚生が中心である。

5 海外事例の単純比較は無意味： 考慮すべき環境の違い

外れたビル・ゲイツの予言

　マイクロソフトの創業者であるビル・ゲイツ氏が、「銀行機能は必要だが、いまある銀行は不要になる」と述べたのは1994年。メディアや識者たちはこぞって、フィンテック企業やECプラットフォーマーが銀行にとってかわり、銀行は衰退すると論じた。いまでも、この議論をよく聞く。たしかに中国では、テンセントやアントグループ（アリババ）が金融仲介で大きなシェアを占めている。

　しかし、そもそも銀行口座をもたない個人の比率が多い中国と、国民のほとんど全員が金融機関に預金口座をもつ日本を比較するのは適切ではないだろう。事実、米国の金融市場では、引き続きJPモルガンチェースやゴールドマンサックスが大きなシェアをもっている。

　各国の銀行はDXで自らを改革し、CXで顧客目線でのサービス提供に努め、エンゲージメントで従業員の経営への参加意識を高めた。世界的に金利の低下が進み、銀行業が新規参入プレイヤーにとって収益面でさほど魅力的でなくなったことも、現実がビル・ゲイツ氏の予言どおりになっていない理由の一つかもしれない。

　2020年12月、シンガポール当局は配車大手のグラブとシンガポールテレコムの合弁会社など4社に、デジタル専業銀行の免許を与えた。しかし、発表を受けても同国の大手行の株価は大きな影響を受けなかった。市場コンセンサスは、DBSなど既存銀行がデジタルバンキングで先行しており、新規参入組が既存銀行にとってかわることはないというものだ。

　本書ではDBSに加えて、ノルウェーのDNBを比較的短期間でDXを成し遂げた銀行として紹介する。米地銀BB&TとSunTrustの統合は、リーマン

ショック後で最大のディールだが、DXをその目的とする。従業員エンゲージメントでは、米地銀のU.S. Bancorpのユニークなアプローチが参考になる。

　世界の銀行の流れとは逆に、スウェーデンのSHBは支店の新規開設で業容を拡大している。また、米国のEdward Jonesや英国のSt. James's Placeは、独立系フィナンシャルアドバイザー（FA）の組織化で、業績を伸ばしている。英国のレボリュートに代表されるチャレンジャーバンク、ネオバンクは、国際送金など既存金融機関のサービスが行き届いていない（Under Served）分野で独自の存在感を発揮している。邦銀が戦略を絞りニッチ化するとは思えないが、柔軟な発想は重要だろう。

必要なものは礼賛ではなく冷静な分析

　一般に、日本における外銀やフィンテック企業の事例紹介では、企業、個人にとってのサービスの利便性が強調されることが多い。利用者数の多さや手数料の安さをもって、先進的かつ優れたビジネスモデルと高く評価するものが主流になっている。そして、そうしたサービスを提供できない邦銀は遅れている、世の中の潮流に取り残され衰退していくとの論調につながっているように思える。

　しかし、いくら無料のサービスで利用者を引き付けても、そうしたサービスが収益を生まなければ持続可能ではない。事実、英国のチャレンジャーバンクのなかには、監査法人から継続企業の前提への疑義を付されたものもある。海外事例の紹介で必要なものは、単なる礼賛ではなく収益構造の分析だ。そうでなくては、邦銀の業務展開の参考にはならない。

　もう一つ忘れてならないのが、各国の金融構造の比較だろう。邦銀との計数の単純比較ではなく、銀行口座保有者の多寡のほか、預貸率、利鞘、手数料付加の難易度、銀行間あるいはフィンテック企業との競争環境を考慮に入れるべきだろう。

第 2 章

DNB
―究極のDX―

世界有数の優良行

OHRは41.5%

　海外事例の紹介として最初に取り上げるのは、銀行におけるDX（デジタルトランスフォーメーション）である。銀行のDXに関しては、シンガポールのDBSがさまざまなメディアから最先端として評価されている。ただ、業務に占めるインターネット経由の取引割合では、おそらくノルウェーのDNBが世界の最高水準にあると思われる。

　DNBは1822年に創業、200年近い歴史をもつ同国のトップバンクである。これまで多くのM&Aを行い、DnB（デン・ノルスケ・バンク）を中核として成長してきた。ノルウェーでは、主要企業に対して国が出資しているケースが多いが、DNBも国が34.0%の株式を保有する。

　2020年12月期（FY20）のグループ総資産は2.9兆ノルウェークローネ（NOK＝12.1円として35.1兆円）、税引き後利益は2,401億円、ROE 8.4%、CET 1 比率18.7%、OHR（業務粗利益経費率）41.5%、時価総額は3.3兆円。長期債格付はS&PからAA－、Moody'sからAa2を得ている世界有数の優良行である。特に40%に近いOHRは、総資産が30兆円を超える世界の銀行のなかで最も低い水準にあると思われる。

　世界の銀行で時価総額トップのJPモルガンチェース（JPM）と比較しても、規模やROEこそ異なるものの、CET 1 比率や長期債格付ではDNBが上回る（図表 2 － 1 ）。邦銀との比較では、総資産がふくおかフィナンシャルグループ（2021年 3 月末：27.5兆円）よりやや大きく、時価総額はみずほフィナンシャルグループ（2020年末：3.3兆円）とほぼ同水準にある。

	DNB 2020年12月期 NOK＝12.1円として	JPM 2020年12月期 USD＝103.5円として	みずほFG 2021年3月期	ふくおかFG 2021年3月期
総資産（兆円）	**35.1**	350.5	225.6	**27.5**
当期利益（年度、億円）	2,401	30,151	4,710	446
ROE（年度、％）	8.4	11.7	5.9	4.9
CET 1 比率（％）	18.7	13.1	11.6	10.7
OHR（％）	**41.5**	55.8	64.3	68.4
時価総額（2020年末、兆円）	**3.3**	40.0	**3.3**	0.4
長期債格付（持株会社。S&P/Moody's）	AA－/Aa2	A－/A2	A－/A1	―

（注）　ふくおか FG の CET 1 比率は国内基準自己資本比率。同社は S&P、Moody's の格付
　　　なし。
（出所）　各行（連結）

支店での取引は全体の0.08％

　DNB の NIM（資金粗利鞘）は1.45％で世界的な水準と比べ決して高くない。にもかかわらず OHR が41.5％と低いのは、経費が相対的に抑制されているためだろう。ちなみに、米国の地銀は一般に 2 ％から 3 ％の NIM を確保しているが、OHR は50％台後半から60％台にある。

　DNB の OHR が低い要因としては、徹底した DX があげられる。たとえば FY18における預金、貸出、振込みなど顧客（個人、法人）取引のうち79％がスマートフォン（スマホ）経由、19％がパソコン（PC）経由、その他が 2 ％だった（図表 2 - 2）。その他の内訳は、電話が58％、ナャットが38％、店頭窓口が 4 ％となる。したがって、全取引のうち支店で行われたのは 2 ％×4 ％＝0.08％にすぎない計算となる。

　邦銀では国内支店への来店客数がここ数年で 3 割から 4 割減少したことが

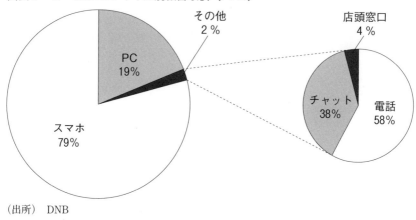

図表2－2　DNBのチャネル別顧客取引（FY18）

その他
2％

PC
19％

スマホ
79％

店頭窓口
4％

チャット
38％

電話
58％

（出所）　DNB

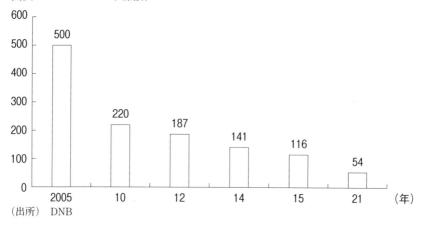

図表2－3　DNBの支店数

（出所）　DNB

話題になるが、DNBの場合、ほとんどの顧客取引がネット経由で行われ、
支店での取引は例外的になっている。電話やチャットでも基本的にAI
（チャットボット）が用いられ、複雑な取引に関してのみ担当者が対応する仕
組みになっている。取引のデジタル化が、究極まで進んでいるといえよう。
　この結果、2005年に500あった国内支店数は2010年までに220に削減され、
2021年には54になった（図表2－3）。16年間での支店削減率は実に90％に達

するが、この計数は世界の大手行のなかで最大と思われる。

支店の90%削減でも顧客満足度は向上

後述するように、DNBは政府の施策に沿ってDXを進めたが、2014年には
ほとんどの支店で現金の取扱いをやめている。支店での取引をスマホ経由に
誘導した結果、この年だけで支店での取引は約6割減少した。

支店の削減に関して、日本では地域住民や中小企業の利便性を損なうとの
見方が多い。DNBにおいても第三者機関の調査による顧客満足度は2015年
に70.1％だったものが、2016年には64.0％まで低下した。しかし、その後は
徐々に回復し、2018年には2015年の水準を凌駕する72.5％に達し、2020年に
は76.7％まで上昇した。顧客は、店頭に出向く必要がないことや、リモート
でのサポート体制が十分であることを評価しているといえよう。

なぜ、DNBがここまでのDXに成功したのか。さまざまな要因があるが、
その前に個人・法人顧客にどのようなサービスが提供されているかをみてい
きたい。

2 個人向けサービス：
国民的決済インフラの提供

サイトへの訪問者数は国内第5位

DNBの個人顧客数は2020年12月末で約210万人、法人顧客は23万3,000社
である。日本のメガバンクと比べると少ないが、ノルウェーの人口が537万
人、企業数が36万社であることを考えれば高いシェアといえる。人口と個人
顧客の絶対数でみれば、日本でいえばメガバンクより地域のトップバンクに
近いイメージがある。

同行のシステム構築に関する基本的な考え方は、既存のコアシステムとス

マホ、PCなど支店以外のチャネルやAPI連携を支えるクラウドを「統合」することにある。政府主導の公共部門のDXにあわせた、ユーザー視点に立った使いやすいアプリの開発や、AIの活用に注力している。たとえば、チャットによる顧客からの質問のうち60％はチャットボットで完結している。

　個人顧客向けのサービスとしては、通常のスマホ（モバイル）バンキングのほか、貯蓄機能をもつアプリのSpare、送金アプリであるヴィップス（Vipps）がある。ノルウェーでは67％の人々が日常的にスマホバンキングを使うが、DNBの各種サイトはショッピングなどを含む国内すべての商業サイトのなかで、５番目の訪問者数をもつ。

　スマホバンキングでは銀行口座やクレジットカード残高の確認、請求書のスキャンによる代金支払などができる。Spareは貯蓄アプリでトップシェアをもち、投信・株式の売買、評価損益のチェック、年金口座の管理が可能である。ヴィップスは国民のうち、なんと78％が送金手段に用いている（図表２－４）。

図表２－４　DNB：強固なデジタルプラットフォーム

67%
use mobile for
daily banking
services

Top 5
most visited
websites in
Norway include
our website
(DNB.no)

#1
savings app in
Norway is
Spare by DNB

78%
of Norwegians
use Vipps for
payments
services

（出所）　DNBプレゼン資料

ヴィップスは国民の8割近くが送金で利用

　DNBが2015年に立ち上げたヴィップスは、住民番号、銀行口座とクレジットカード、またはデビットカードをスマホの電話番号に紐付けたもので、相手の電話番号を入力するだけで即座に送金ができる。後述するが、ノルウェーでは日本のマイナンバーに当たる住民番号が銀行口座と紐付けされている。その仕組みを送金に応用したものだが、操作が簡単で手数料が無料ということもあり、先行していた他行、他社の同種サービスを淘汰、吸収して国内のほとんどの銀行（100行以上）が参加するアプリとなった。ちなみにヴィップスは2017年、DNBの一部門から他行も参加するコンソーシアムに移行している（DNBは52％を出資）。

　現在、ヴィップスは個人間の送金だけでなくECモール（ネット）や実店舗での買い物の決済でも用いられており、2019年末のユーザー数は430万人と、国民的なインフラになっている。さらに同じノルウェー発のデジタルでのID認証サービスのBankID、デビットカード決済のBankAxeptと合併、利便性はさらに向上している。なお、ヴィップスでの送金は無料であるが、決済には加盟店手数料がチャージされている（スウェーデンにも、ヴィップスと同様の仕組みをもつSwishがある）。

　送金でも決済でもさまざまな規格が乱立する日本に比べて、ノルウェーではフィンテック企業ではなく銀行主導で、スマホ経由の金融サービスがほとんど1つに統一されたという特徴がある。日本では国民の間にマイナンバーと銀行口座の紐付けに抵抗があるとされるが、ヴィップスのノルウェー国民への浸透をみるにつけ、結果的に国民はきわめて高い利便性を享受できることがわかる。

3 法人向けサービス： スマホで財務コンサル機能を提供

3分の2以上の取引先がデジタルサービスを利用

　次にDNBの法人向けデジタルサービスのうち、SME（中小企業）部門についてみていきたい。サービスには大きく分けて通常のPCを使った企業向けオンラインバンキングと、スマホを使った会計システムであるDNBパルスがある。DNBでは取引先中小企業のうち65％がデジタルでのサービスを受け、80％以上がオンラインでの借入れを行っている。オンラインバンキング（PC）では、借入企業の多さを別にすれば、提供されている機能に他行と大きな違いはない。

　DNBの法人向けデジタルサービスで差別化が図られているのは、スマホ専用の会計システムであるDNBパルスだろう。DNBパルスはクラウドをベースとするアプリで、企業のマネージング・ダイレクター以上の役員か会長が利用できる。ノルウェーには公的な登記機関としてブレイネイスン登録センターがあり、ここで会社登記、取締役の登録のほか、企業財務や各種の報告や登記が一元化されている。DNBは、登録センターのデータでパルスの利用者を確認する。

　次に取引先の中小企業が使っている会計ソフト（10社以上）とAPIで連動することにより、買掛金や売掛金、在庫など将来のバランスシートを予想することができる。また、登録センターの財務データを用いて、売掛金の期間や条件などを同業他社と比較することも可能である。当然、資金の受払機能もある。

　DNBパルスは、スマホを使った手軽な企業財務のコンサルティング機能を提供しているわけだが、DNB自身が発展途上としており、企業側からの要望受入れに積極的である。これまでに実現した要望には、パルスでの与信

枠設定などがある。

　与信判断は本部と主要支店に配置されたコーポレートアドバイザーが担当するが、日々の銀行取引はオンラインで行われ、コールセンターが補完する。FY19にコールセンターが取り扱った中小企業からの問合せ電話は約39万件、チャットが約8万件（うち7万件がチャットボットで完結）にのぼる。

　支店数が削減されたなかでの、コーポレートアドバイザーの役割に関する記載はDNBの資料にはないが、人口密度が低いこともあり、もともと中小企業との接触は電話やウエブ会議が主体になっていたと考えられる。ただ、新規取引や与信枠の拡大に関しては、実際に企業を訪問していると思われる。

4　国策としてDXを推進するノルウェー

高齢化の進展と北海油田からの収入減少への対応策

　DNBによるDX成功の要因と日本への示唆に関しては、国によるDXの推進、金融システムにおけるDNBの位置、DX人材の採用・育成を含めた同行の人事制度があげられる。

　ノルウェーはスカンジナビア半島西岸に位置し、スウェーデン、ロシア、フィンランドに接する（図表2−5）。面積は38.5万㎢で日本（37.8万㎢）とほぼ同じだが、人口は537万人（2020年）で人口密度は1㎢当り13.8人と日本の334.5人よりかなり低い。人口の絶対数は、兵庫県（544万人）や北海道（521万人）に近い。北海油田の存在もあり、1人当りGDPは、ルクセンブルク、スイスなどに次ぐ世界第4位である（2019年、IMF調べ。日本は第24位）。いわゆる高負担、高福祉国家だが、国連人間開発指数など国際的な調査で、最も住みやすい国にたびたびランクされており、国民の教育レベルも高い。

図表2-5　ノルウェーの位置

（出所）　著者作成

　EU委員会が発表した「経済と社会のデジタル化ランキング（2017年版）」
は、インターネットの使いやすさ（スピード、価格）、デジタル人材の厚み、
国民のインターネット使用頻度、ビジネスのデジタル化進展度、公共部門の
デジタル化の5つの要素で測ったランキングだが、デンマーク、ノル
ウェー、フィンランド、スウェーデンの北欧諸国がトップ4を占めた（図表
2-6）。オランダ、ルクセンブルク、ベルギー、英国がそれに続く。一般
に、北欧は世界で最もデジタル化が進んだ地域の一つといわれている。その
理由としては、寒冷地で人口密度が低いため現金の運搬・保管コストが高
かったことや、犯罪の抑止などがあげられる。
　ノルウェーでは2000年、政府が「eノルウェーアクションプラン」を発
表、公共部門のデジタル化に着手した。国民一人ひとりに電子IDを発行、

税務、教育など政府のデジタルサービスにログインできるようにした。2013年に発表されたデジタルアジェンダ白書では、政府によるDXの目的が「情報通信技術（ICT）とインターネットが提供する価値創造とイノベーションの機会を、最大限に活用すること」にあることを明記した。

2018年のデジタル担当相（当時）Paul Chaffey氏によるプレゼン資料によると、ノルウェー政府がデジタル化を推進する理由には、①豊かな社会を支えてきた北海油田からの収入減少、②高齢化の進展、③世界の情勢不安、④テクノロジーの進展がある。

北海油田からの収入減少に関しては、資源の枯渇だけではなく、地球規模でのCO$_2$削減の流れから、政府は古くから問題意識をもっている。政府系ファンドであるノルウェー政府年金グローバルが、世界最大級のソブリン・ウエルス・ファンドとして投資活動を行っているのはそうした政府の問題意識の強さを反映している。

ユーザーの使い勝手のよさを重視

デジタル庁の新設など、日本における公共部門の本格的なDXはようやく緒に就いたばかりだが、ノルウェーではすでに2000年からスタートしていることが注目される。ノルウェーでは北海油田の枯渇懸念という事情があったにせよ、人口の高齢化やICTの進展は日本でも同じである。コロナ禍もあり日本でも今後、公共部門主導で社会全体のDXが急速に浸透することが考えられる。

ノルウェーにおけるデジタル化の優先順位は、①ユーザーの使い勝手のよさ、②イノベーションや生産性の改善につながるICT、③デジタル力の強化と社会的包摂、④公的部門の効率化、⑤適切なサイバーセキュリティの構築である。また、公共データの開放や市場原理の活用なども重要としている。現在、個人向けの公共サービス分野ではメールボックスの運用、不動産登記のほか、運転免許証、パスポートの申請、自動車の売買・登録、住民票の登録、患者の記録の保存、雇用、失業など社会保険関連、法人向けには特許、

図表2－6　デジタル化インデックスランキング（2017年）

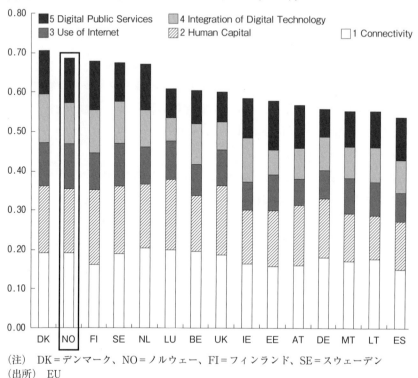

（注）　DK＝デンマーク、NO＝ノルウェー、FI＝フィンランド、SE＝スウェーデン
（出所）　EU

　商標の申請、開業の登録、スタートアップ助成金の申込み、デジタル化への
助成など幅広い分野でのデジタル化が進んでいる。
　余談になるが、デジタルラジオへの移行により、同国のFM放送は2017年
をもって終了している。また隣国のスウェーデンでは、現金に絡む犯罪が激
減したことが報告されている。数年前、強盗がある銀行の支店に押し入った
が、現金を扱っていないことを知り、すごすごと退散したことが大きな話題
になった。

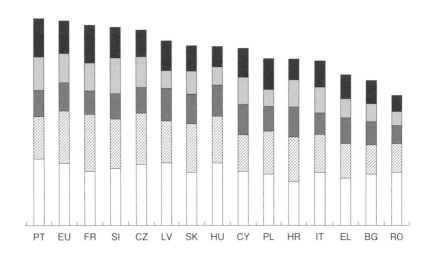

PT　EU　FR　SI　CZ　LV　SK　HU　CY　PL　HR　IT　EL　BG　RO

5 ノルウェーにおけるDNB：日本の各県トップ地銀的な立ち位置

収益構造は伝統的な商業銀行

　ノルウェーの中央銀行であるノルジスバンク（Norges Bank）の金融シス
テムレポート（2020年版）によると、2019年末における国内銀行の総資産は
GDPの115％、外銀の支店が41％、住宅ローン会社が66％、生保が48％に相

図表2－7　DNBの個人向け貸出シェア（2019年）

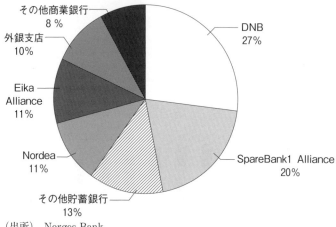

その他商業銀行
8％

外銀支店
10％

Eika
Alliance
11％

Nordea
11％

その他貯蓄銀行
13％

DNB
27％

SpareBank1 Alliance
20％

（出所）　Norges Bank

図表2－8　DNBの法人向け貸出シェア（2019年）

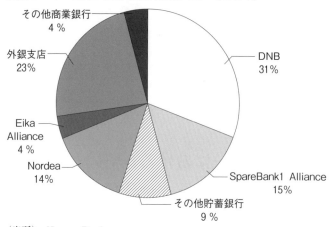

その他商業銀行
4％

外銀支店
23％

Eika
Alliance
4％

Nordea
14％

その他貯蓄銀行
9％

DNB
31％

SpareBank1 Alliance
15％

（出所）　Norges Bank

当する。

　個人向けの銀行貸出をみると、DNBが27％のシェアをもつトップバンク
（図表2－7）の地位にある。続いて11の貯蓄銀行の連合であるSpareBank1
Allianceが20％、その他貯蓄銀行が13％、フィンランドに本拠をもつ大手行

Nordeaのノルウェー法人が11％、SpareBank1とは別に組織化された77の貯蓄銀行の連合体であるEika Allianceが11％となっている。

　法人向け貸出でも、DNBが31％で首位のシェアをもつ（図表2－8）。外銀支店が23％、SpareBank1が15％、Nordeaが14％で続く。DNBは預金でも個人市場で29％、法人市場で37％のシェアをもつ。同行は約200年の歴史のなかでM&Aを繰り返してきたが、その結果、他の追随を許さないトップ行の地位にある。

　DNBの業績だが、FY20はコロナ禍で与信費用がふくらみ前年比で減益となった。ただ、FY15と比較すると資金利益、手数料収益とも増加している（図表2－9）。FY20の従業員数は微増となったが、FY15からFY19までで従業員は21％削減されている。

図表2－9　DNBの業績推移

（単位：百万ノルウェークローネ）

	FY15	FY17	FY19	FY20
資金利益	35,358	35,422	39,202	38,623
手数料収益	8,862	8,448	9,716	9,500
市場部門他	9,846	7,270	5,939	8,275
業務粗利益	54,066	51,140	54,857	56,398
経費	19,910	22,593	23,133	23,401
業務純益	34,096	28,547	**31,724**	**32,998**
与信費用	2,270	2,428	2,191	9,918
当期利益	24,772	21,803	**25,721**	**19,840**
NIM	1.46％	1.44％	1.57％	1.45％
OHR	36.9％	44.2％	42.2％	41.5％
不良債権比率	0.91％	1.12％	1.13％	1.55％
CET 1 比率	16.0％	16.7％	18.6％	18.7％
従業員数	11,380	9,144	9,020	9,050

（出所）　DNB

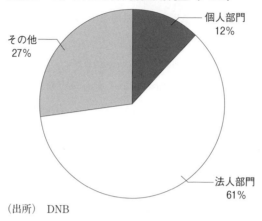

図表２－10　DNBの部門別当期利益（FY20）

個人部門
12%

その他
27%

法人部門
61%

（出所）　DNB

　一方、CET１比率は毎年、着実に上昇している。FY20における業務粗利益の内訳は資金利益が68.4％、手数料収益が16.8％。業務部門別の当期利益は、法人部門が全体の61％を占め、個人部門は12％前後となる（図表２－10）が、法人部門は国際業務（21％）を含んだ計数と思われる。

　貸出の内訳は個人向けが52％（ほとんどが住宅ローンで全体の48％を占める）、商業用不動産（CRE）向けが10％、アパートなど居住用不動産向けが６％、資源関連が４％、製造業向けが３％、サービス業向けが３％、漁業向けが３％、IT産業向けが２％となっている。資源や漁業関係が多いのは、ノルウェーの産業構造を映したものと考える。

徹底したユーザー目線でDX推進

　DNBはDXで世界の最先端を走っているが、収益構造的には伝統的な商業銀行といえよう。業務粗利益に占める資金利益と手数料収益の割合をみると、邦銀との比較ではメガバンクというより地銀に近い。高いマーケットシェアからは、国と都道府県の違いがあるものの、各県のトップ地銀的な位置にあると考える。北海油田の枯渇懸念や人口高齢化のなかで、国の施策に乗るかたちで徹底的なDXを進めたのがDNBとみていいだろう。

そのなかでヴィップスのようにユーザーの利便性に資する送金・決済アプリの規格統一の旗を振るなど、業界のリーダーとしての役割を果たしてきた。DNBパルスは、中小企業の銀行取引をPCからスマホに変えるなど革新的なサービスである。他方、そうしたサービスは発展途上にあるとして、常にユーザーの声に耳を傾ける姿勢が、高い顧客満足度につながっていると思われる。

　16年間で支店数を90％削減しても個人、法人とも顧客がDNBを支持しているのは、強力な競合行がないことを差し引いても、ユーザー目線に立ったサービスの提供、アプリの開発が評価されているためであろう。ポストコロナでの銀行業のキーワードは、DXとCX（顧客体験。顧客目線に立ったサービスの開発）、それに従業員エンゲージメントだが、DNBはそのすべてに答えを出していると思われる。

邦銀の中小企業取引で必要なのはDXコンサル

　日本ではマイナンバーカードの普及が遅れているうえ、プライバシー保護の観点から、国民の間にマイナンバーと銀行口座やクレジットカードとの紐付けに根強い抵抗感がある。したがって、ヴィップスのような利便性の高い統一規格サービスがすぐ提供される環境にはない。しかしマイナンバーの普及が進めば、状況が変わるだろう。

　一方、中小企業が銀行取引をデジタル化するには、経理担当者の業務の習熟が必須である。しかし、会計アプリと銀行のAPI接続でスマホによる取引が簡単なものになれば、習熟までの時間と各種のコストが節約されると考えられる。

　日本の中小企業に関してはその収益力の低さがしばしば指摘され、数が減れば競争力が増すとの単純な議論もある。ただ、収益力不足の大きな要因の一つにDXの遅れがある。邦銀は販路拡大や事業承継、M&Aといった中小企業向けのコンサルティング業務に力を入れているが、現時点で最も必要があり、効果が高いのはDXコンサルだろう。

中小企業のDXにはある程度の投資が必要で、その回収にはやや時間を要すると思われる。しかし、多くの企業でDXが進めば、日本全体で効率化が進み、生産性の向上と収益力の改善が期待される。DXコンサルと関連融資は、中小企業と銀行にとってwin-winの関係につながる公算が高い。

6 就職人気：DXシフトと性別クオータ

ビジネス系学生からの人気はNo. 1

日本では主要行・地銀を含め、大学生の就職人気ランキングで銀行が大きく順位を下げている。公務員と並んで安定的な職業とされた銀行は、マイナス金利の長期化と少子高齢化で将来の展望が描けない業種になっている。営業現場での収益プレッシャーや、年功序列が色濃く残る人事制度は、優秀な若手のやる気を削ぎ、離職者の増加につながっている。現在、コロナ禍で雇用の二次市場が縮小したことで離職者は一時的に減っているが、ポストコロナでも状況は決して楽観できない。

これに対して、ノルウェーでのDNBの就職人気は高い。第三者機関であるUniversumの調査によると、2020年においてDNBは大学のビジネス系学部の在籍学生からすべての企業のなかで第1位、IT系学部では第5位、法学部で第10位の就職人気を誇っている。中途入社では、ビジネス系で第2位、IT系で第4位、弁護士など法律系で第5位と、いずれも高いランキングを確保している。

同行は2019年にHR Norge'sから「能力開発賞」を受賞しているが、社内での充実したオンライン研修が評価されている。DNBが個人用、あるいはチーム用に準備したオンラインコースは600以上、外部のコースも6,000以上が受講可能であり、従業員の90％以上が、そうしたコースを積極的に利用し

ている。

テクノロジー部門の人員は全体の16%

　行内での職種変更についても、希望の部署で十分な能力を発揮できるようなプログラムが用意されている。2019年には9,000人の従業員のうち数百人が職種を変更したが、特にIT系ではセキュリティの管理を含め、最新の情報が部内で共有されている。DNBの部門別従業員数をみると、2020年末で個人部門が31%、法人部門が26%に対して、テクノロジー部門が16%となっている（図表2－11）。システム開発や保守を基本的にベンダーに任せることが多い邦銀で、IT部門にプロパー従業員の16%を投入するという発想はあまりないかもしれない。この16%という数字は、市場部門（9%）、富裕層取引部門（Wealth Management、7%）よりも大きい。

　これは、当然のことながらプロフェッショナルの中途採用を軸に、社内で募った希望者を戦力化していった結果だと思われる。ITの世界ではシステムやアプリの開発では、アジャイル（迅速さ）という概念が普通になっている。邦銀でも今後、アジャイルを実現するためには、システム要員の増員・内製化と、プロフェッショナルとしての対応は避けて通れない課題だろう。

図表2－11　DNBの部門別従業員数

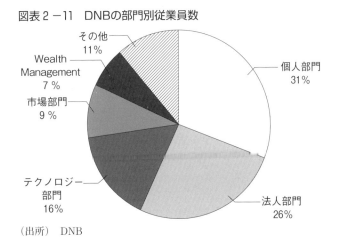

（出所）　DNB

ジェンダーバランスでも先進的：性別クオータ

　DNBの就職人気の高さの要因には、社会におけるDNBの影響力の大きさも考えられる。DNBはノルウェーの金融における国民的インフラであるヴィップスの開発、運営主体として認知されており、中小企業にとってDNBパルスは身近なものになっている。第1章で論じたとおり、ミレニアル世代にとっては、なんらかのかたちで社会に貢献することが仕事のやりがいに通じる。日本における学生の地銀への志望動機には地域への貢献があるが、DNBではそれが目にみえるかたちで示されている感がある。

　もう一つ、ミレニアル世代の価値観で忘れてならないのがSDGsだろう。DNBではSDGsの17の目標のうち、目標5（ジェンダーバランス）と目標8（持続的成長のための働き方改革）を重点施策としている。ノルウェーでは2004年に会社法が改正され、公営企業ならびに民間企業のうち上場会社について、取締役会における性別クオータ制度が導入された。性別クオータとは、取締役会における男女構成比がそれぞれ40％を下回ってはならないという基準だが、DNBでは社外を含む取締役7人のうち取締役会議長を含め3人が女性（43％）である。執行役員12人では、CEOを含む6人が女性となっている。

　一般に、性別クオータでは役員レベルでは法定数が充足されるものの、中間管理職以下では、男性の割合や実質的な賃金が女性より高くなりがちである。DNBでは2019年、中間管理職以下でもバランスをとるべく「ガールズインベストメント」というキャンペーンをスタートさせたが、国民のうち43％がこのキャンペーンを知っている。

　働き方改革では、ITのさらなる活用による労働時間の短縮が進められているほか、男性の積極的な育児休暇取得が慫慂されている。

第 **3** 章

DBS
―世界のベストバンク―

戦略転換が成功：
世界のトップ10企業にランクイン

伝統的商業銀行からプラットフォーマーに転換

　2019年9月、ハーバードビジネスレビューは「過去10年にビジネスモデルの転換に成功した世界企業20社」を発表した。第1位には、DVDレンタルからオリジナル動画の配信に主力事業を転換したネットフリックス、第2位には、ソフトウエアパッケージの販売から、クラウドサービスのサブスクリプションでの提供への変革に成功したアドビがリストアップされている。第3位以降には、アマゾン、テンセント、マイクロソフト、アリババといったそうそうたるIT企業が並ぶ。日本からは、フィルム事業からヘルスケア事業への変革を遂げた富士フイルムが第17位に入っている。銀行では唯一、シンガポールのDBSが第10位にランクインした（図表3-1）。伝統的な商業銀行からプラットフォーマーへの転換が評価されたわけだが、洗練された対顧客向けビジネスに加え、内部での商品開発や人事管理の効率化などにも注目された。

　世界的な金融専門誌であるザ・バンカーは2018年、ユーロマネーは2019年、グローバルファイナンスは2020年、DBSを世界のベストバンクに選定している。さらに、知的財産の専門的コンサルティング会社のハケットグループ（米国NASDAQ上場）は2020年、DBSにDigital Transformation Awardを付与した。賞の対象となったのは、中小企業向けのチャットボットサービス、AIによるマネーロンダリングの検知、行員の作業パターンの計測などである。

　顧客取引のネットへの移行では、DNBが世界のトップ水準にあると思われる。ただ、DBSがメディアのみならず学術研究分野でも頻繁に取り上げられるのは、業績が右肩上がりにあることと、実質的な業務の幅が従来の銀行

図表 3 - 1　過去10年にビジネスモデルを転換した世界企業トップ20

順位	社名	国	現在の ビジネスモデル	年間平均 株価上昇率（注）
1	ネットフリックス	米国	オリジナルコンテンツ	59％（2012年〜）
2	アドビ	米国	クラウドサービス	26％（2009年〜）
3	アマゾン	米国	AWS	39％（2009年〜）
4	テンセント	中国	フィンテック、運輸	32％（2011年〜）
5	マイクロソフト	米国	クラウドサービス	17％（2010年〜）
6	アリババ	中国	フィンテック、エンタメ	8％（2013年〜）
7	オルステッド	デンマーク	洋上風力発電	30％（2017年〜）
8	インテュイット	米国	クラウド会計	22％（2012年〜）
9	ピンアン	中国	フィンテック、ヘルステック	17％（2012年〜）
10	DBSグループ	シンガポール	デジタルプラットフォーム	12％（2013年〜）
⋮				
17	富士フイルム	日本	ヘルスケア、メディカル	7％（2010年〜）

（注）　株価上昇率は基準年から2018年末までの年平均（CAGR）。
（出所）　Harverd Business Review（2019年 9 月号）

の枠組みを超えたためだろう。

資産規模は東南アジア最大

　DBSは1968年、政府によりシンガポール開発銀行（Development Bank of Singapore）として設立された。行名は2003年、DBS Bankに変更された。29.3％の株式を保有する筆頭株主は、同国のソブリンウエルスファンドであるテマセク。2020年12月末の総資産は6,499億シンガポールドル（SGD＝

78.0円として50.7兆円）で、東南アジアで最大規模を誇る。時価総額は5.1兆円で、インドネシアのBCA（6.0兆円）に次ぐ。邦銀と比較すると、2020年末の時価総額は三菱UFJフィナンシャルグループ（6.0兆円）と三井住友フィナンシャルグループ（4.3兆円）の間、資産規模ではりそなホールディングス（73.7兆円）や三井住友トラストホールディングス（62.2兆円）より小さい（図表3-2）。長期債格付は、持株会社のDBS Group HoldingsがMoody'sからAa2、傘下銀行のDBS Bank単体ではS&PからAA-、Moody'sからAa1と高い評価を得ている。

　シンガポールの面積は719㎢、人口は569万人（2020年）で、日本との比較では、面積が東京23区（628㎢）よりやや大きく、人口は千葉県（628万人）と兵庫県（544万人）の間に相当する。人口密度は7,810人／㎢で、東京23区（1万5,385人／㎢）の約半分である。

図表3-2　DBSの概要

	DBS 2020年12月期 SGD=78.0円 として	三井住友FG 2021年3月期	りそなHD 2021年3月期
総資産（兆円）	50.7	242.6	73.7
当期利益（年度、億円）	3,682	5,128	1,245
ROE（年度、%）	9.1	5.4	6.9
CET1比率（%）	13.9	16.0	13.3
OHR（%）	42.2	62.3	65.0
時価総額 （2020年末、兆円）	5.1	4.3	0.8
長期債格付（持株会社。 S&P/Moody's）	-／Aa2	A-／A1	―

（注）　りそなHDはS&P、Moody'sの格付なし。
（出所）　各行（連結）

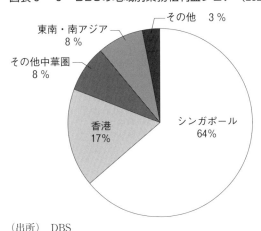

図表 3 － 3　DBSの地域別業務粗利益シェア（2020年）

（出所）　DBS

　銀行市場ではトップ行であるDBSのほか、OCBC（Overseas-Chinese Bank-ing Corporation、華僑銀行）、UOB（United Overseas Bank、大華銀行）が三大行と呼ばれており、３行合計で国内貸出のうち６割のシェアをもつ。同国には多くの外銀が進出しており、残りの４割はそうした外銀が占める。同国でのプレゼンスが大きい主な外銀にはスタンダードチャータード銀行、HSBC、May Bank（マレーシア）、CIMB（同）、シティバンクなどがある。

　シンガポール国内だけでは市場規模が限られることと、同国の企業の多くが海外に進出しているため、三大行は国際業務を手広く展開している（OCBCとUOBの名称にはOverseasが入っている）。DBSの地域別業務粗利益をみると、シンガポールが64％を占め、香港が17％、中国、台湾などその他中華圏が８％、インドネシア、インドなど東南・南アジアが８％になっている（2020年12月期、図表３－３）。DBSの個人顧客数は合計で500万人、シンガポールでは中小企業のうち10社に６社か、DBSとの取引がある。

５年間で業純が42.9%増加

　コロナ禍のなかで注目された2020年度（FY20）決算では、業務粗利益は

前年比で0.3％増とわずかながらも増益を確保、FY15との比較では33.4％増加した。5年間の業務粗利益の伸びは大企業向けが7.2％、中小企業部門で12.1％、消費者向けが36.2％と好調である。

　特筆すべきはウエルスマネジメント部門で、伸び率は100％を超える。DXの効果は個人部門で大きいが、富裕層向けの取引では、資産運用メニューの提案などネット経由のものが優れていると思われる。

　システム開発など経費も増加しているが、そのスピードは粗利益より緩やかなため、業務純益は5年で42.9％増となっている。2020年度のOHRは42.2％とDNB（41.5％）に近い水準となり、経費効率では世界のトップ水準にある（図表3－4）。与信費用の増加で、当期利益こそ前年比で減益となったが、5年前との比較では増益を確保している。

図表3－4　DBSの業績推移

（単位：百万シンガポールドル）

	2015年	2017年	2019年	2020年	5年の増減（％）
業務粗利益	10,937	12,274	14,544	14,592	33.4
うち大企業	3,759	3,561	3,943	4,028	7.2
中小企業	1,531	1,714	2,130	1,717	12.1
消費者	2,131	2,564	3,219	2,902	36.2
ウエルスマネジメント	1,416	2,107	3,080	2,866	102.4
経費	4,900	5,205	6,258	6,158	25.7
業務純益	5,901	6,794	8,280	8,434	**42.9**
与信費用	743	1,544	703	3,066	312.7
当期利益	4,454	4,371	6,429	4,721	6.0
NIM	1.77％	1.75％	1.89％	1.62％	－0.15％
OHR	44.8％	42.4％	43.0％	**42.2％**	－2.6％
不良債権比率	0.9％	1.7％	1.5％	1.6％	0.7％
CET1比率	13.5％	14.3％	14.1％	13.9％	0.4％
従業員数	**21,502**	24,000	**28,526**	n.a.	－

（注）　2020年末の従業員数は未公表。
（出所）　DBS

ここで注目すべきは、従業員数だろう。世界中の銀行が人員の削減に動くなか、DBSでは増加が続いている。DXへの取組みだけでなく、それが業績に結びついていることが、世界最高の銀行と評される理由の一つと考える。

　なお、ライバル行であるOCBCとUOBのFY20までの5年間における業純増加率は順に12.7％、12.2％で、コロナ禍のなかでは健闘したように思える。シンガポールや近隣のマレーシアやインドネシアという市場に恵まれているだけでなく、DBSへの対抗策としてDXに注力したことが奏功した。ただ、DBSの伸び率である42.9％には遠く及ばない。

2 全行員をジェフ・ベゾスに：2014年の戦略転換

プラットフォーマーの銀行市場参入

　2009年、ピユシュ・グプタ氏が米国シティグループのアジア太平洋地域担当CEOからDBSのCEOに就任した時点でのDBSの戦略は、アジアの成長を取り込むための個人・中小企業向け業務の強化と、ウエルスマネジメントの本格展開で、ROEを二桁にもっていくことにあった。この戦略は成功し、2009年から2014年までの5年間で当期利益の平均年間成長率は13％に達し、ROEは8.4％から10.9％に上昇した。しかし2014年、この成功モデルはGAFA（グーグル、アップル、フェイスブック、アマゾン）など世界的なプラットフォーマーのプレゼンス拡大と、多くのフィンテック企業の勃興により見直しを迫られる。

　シンガポールの外国人を除く居住者404万人（2020年）を出身地域別にみると、中国系が74％、マレー系が14％、インド系が9％、その他が3％である。2014年の時点でグプタCEOは、アリババやテンセントといった中国のECプラットフォーマーが、シンガポールでも銀行にとってかわり台頭する

リスクを、現実の問題として意識していたと思われる。実際、2020年、シンガポール通貨庁（MAS）は、アリババ系列のアントフィナンシャルグループなど２社にデジタル専業のホールセールバンク免許を、配車アプリ大手のグラブと電話会社シンテルの合弁会社など２社に、リテールを含むデジタルフルバンクの免許を与えた。

　４つの新銀行は2022年から業務を開始する予定だが、認可の発表前後で三大行の株価は大きく変動していない。市場はDBSに加えOCBCやUOBが、すでにDXで多様なサービスを提供していることと、デジタルとリアルの支店網という２つのチャネル（オムニチャネル）を有していることで、強力な新規参入勢に対して十分に対抗していけるとみたわけだ（MASが過当競争を望んでいないことも、既存銀行の株価が大きく変動しなかった理由の一つとされる）。

DX、CX、スタートアップ

　さて、2017年の投資家向けプレゼン資料であるOur Digital Strategyによれば、DBSのDXの基本は「（アマゾンの創業者である）ジェフ・ベゾスであったら、何をするか」にある。同行が掲げたデジタルビジネスモデルの５つの柱は、チャネルの拡大による新規顧客の効率的な獲得、紙文化・手作業を見直すことによるコスト削減、クロスセールスによる顧客１人・１社当りの収益性の改善、事業全体をプラットフォーム化することによるエコシステムの確立（生態系、顧客の囲い込み）と、データの活用である。

　具体的な改革のテーマは、①銀行業を楽しくするためにデジタルをコアに据え、②業務を顧客目線で考え、③全行員２万2,000人（当時）の意識をジェフ・ベゾスのようにすることにある（図表３−５）。

　一般論として、銀行は社会のインフラの一つであり世界中どの国でも正確な事務処理を求められる。その結果、企業風土は堅実ではあるが、おもしろ味に欠けるものになりがちだ。DBSでは、DXの推進が銀行業を楽しくするという発想の転換で、顧客と行員の意識を変えるというアプローチがとられ

図表3－5　DX：銀行業を楽しく

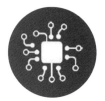
デジタルをコアに

カスタマージャーニー
DBSをみえなくする

2万2,000の
スタートアップ創造

（出所）　DBS

た。

　①のデジタルを業務のコアにすることには、具体的にはメインフレームの
コンピュータシステムの中核をクラウドに置き換えるほか、各種プロジェク
トの推進をプラットフォーム化することが含まれる。

　②の顧客目線による新サービスやアプリの開発では、「カスタマージャー
ニー」という概念が取り入れられた。カスタマージャーニーは比較的新しい
マーケティング用語で、顧客の商品決定プロセスを指す。カスタマージャー
ニーと同様の概念に、カスタマーエクスペリエンス（CX）や、ユーザーエ
クスペリエンス（UX）がある。ここでは、顧客に銀行を意識させないサー
ビスの提供が模索された。

　③のジェフ・ベゾスであったら何をするかという問いかけは、行員一人ひ
とりに新しい発想を求めるものだが、それができれば従業員の会社業績への
自発的貢献につながる。換言すれば、従業員エンゲージメントを促すものと
とらえていいだろう。イノベーションラボや、共同ワーキングスペースの導
入も行われた。

3 リブモア・バンクレス

「銀行業を楽しく」をKPIに

DBSは戦略転換で何が変わったか、まず重要達成項目（KPI）についてみてみよう。戦略転換前のKPIは、50％がステークホルダーに向けたもので50％が戦略優先度にあった。ステークホルダーとしては株主、顧客、従業員が明記され、戦略の優先度として考慮すべきものには、監督官庁や地域経済・社会などへの対応があった。2014年の戦略転換後はステークホルダー、戦略優先度の割合がそれぞれ40％に下がり、新たに20％が「銀行業を楽しくする」がテーマとして掲げられた。その内容には業務のデジタル化、CXによる顧客と従業員の満足度向上などがあるが、具体的な指標にはデジタル顧客数、顧客1人・1社当りの収益が含まれる。

それでは、どのようなサービスが提供されているのだろう。DBSが2018年に発表した「リブモア・バンクレス」という考え方は、意訳すれば「銀行を意識することなく人生を楽しむ」である。個別の商品やアプリの開発が銀行の都合や供給者目線に偏っていることを見直し、顧客本位で簡単かつ安全なサービスの提供に努めた。

同行の資料から、いくつかの事例をみてみよう（図表3－6）。個人向けスマホアプリの主力である「デジバンク」では、指紋認証で預金の受払い、家計管理、投資、クレジットカードの申込みと管理、QRコード決済のほか、個人間の無料送金アプリである「ペイナウ」の操作もできる。DBSはもともと、送金アプリの「ペイラ」をもっていたが、他行のものを含めアプリが乱立していたものを、シンガポール銀行協会がペイナウとして2017年に統合した（三大行のほかリテール業務を展開する外銀の多くが参加）。ノルウェーにおけるヴィップスのように国民的なインフラになっており、現在では企業や政

図表3－6　目にみえる成果

（出所）　DBS

府も利用する（企業は有料）。個人への送金であれば金額と電話番号、店舗での支払であればUEN（Unique Entity Number、企業登録番号）を入力すれば完了する。

企業向け、富裕層向けにもネットサービスを提供

　中小企業向けの決済、送金、会計アプリとしては、インドのIT会社であるTallyと組んだ「タリー」を提供している。中小企業向けにはほかに「ビジネスクラス」があり、経営に役立つ情報の発信や、中小企業同士の情報交換がアジア全体で行われている。大企業向けには、世界的なCMS（キャッシュマネジメントサービス）のプラットフォームである、トレジャリープリズムが提供されている。

　富裕層向けのアプリである「iWealth」は通常の銀行取引のほか、株や投信の売買、ポートフォリオ管理に加え、調査レポートの配信や、AIによる一任ファンドへの投資もメニュー化されている。そのほか、「デジタルオンボーディング」は法人、個人向けのPCでの取引、「POSBスマートバディ」は学校内での学生のさまざまな支払・貯蓄を専用の腕時計で行うユニークなアプリである。

こうしたサービスをスムーズに提供するため、APIの充実はもちろん、チャットボットやコールセンター、ATM、マネロンなど詐欺的取引の監視などについて、日常的に機能向上が図られている。

4 DXの効果：顧客1人当りの収益性は3倍以上

自らをデジタルバンクと定義

DBSは2017年度のアニュアルレポートのタイトルを、「~~Development~~ Digital Bank of Singapore」とした。旧行名であるDevelopmentにわざわざ訂正線を引き、Digitalを上書きしたのは、確固たる戦略を内外に示す意思の表れだろう。

DBSがユニークなのは、個人・法人・ウエルスマネジメント・市場など業務別、シンガポール・香港・その他中華圏といった地域別の収益に加え、デジタル顧客とそれ以外の顧客別に、管理会計上の収益を開示していることである。グループ全体の業務粗利益を勘定科目別にみると、資金利益が66％、手数料が21％、市場部門などその他が13％であり、ここだけをみるとDBSの収益モデルは、伝統的な商業銀行といえる。しかし、業務の進め方は伝統的ではない。

DBSでDXが最も浸透しているのは、主要市場のシンガポールと香港、業務では個人・中小企業取引で、このセグメントの業務粗利益は2019年度において全体の46％を占める。デジタルを主に利用する顧客の割合は52％だが、業務純益では79％を占める。その他の顧客の割合が48％、業務純益が21％（図表3－7、3－8）だから、デジタル顧客の収益性は伝統的な顧客の3倍以上となる。

OHRはデジタル顧客が33％、その他が53％であり、大きな差がついてい

図表 3 － 7　DBSのデジタル顧客シェア（2019年、個人・中小企業取引）

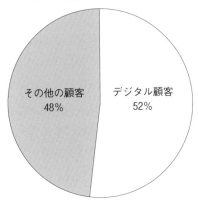

その他の顧客
48%

デジタル顧客
52%

（注）　地域はシンガポールと香港。
（出所）　DBS

図表 3 － 8　DBSの業務純益（2019年、個人・中小企業取引）

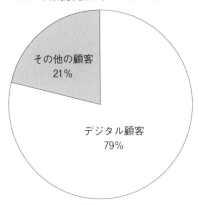

その他の顧客
21%

デジタル顧客
79%

（注）　地域はシンガポールと香港。
（出所）　DBS

る。2018年度と比較した業務粗利益は、デジタル顧客が16％増に対して伝統
的な顧客は 4 ％減となっており、確実に顧客のデジタルシフトが進んでい
る。

DXの収益分析は行員のインセンティブにも寄与

　デジタル顧客の収益性に関しては、前述した2017年のプレゼン資料にも伝統的顧客の２倍以上という分析がある。2015年、2016年度を含めた３年分の資料が掲載されているが、実際の計数は投資家にとって納得できるものだけでなく、行員のインセンティブにもプラスの効果があると考える。

　多くの邦銀の場合、本部が決めた計数目標を達成するために行員は日夜、奔走している。しかし、その目標の背後にある考え方やロジックをすべての行員が理解しているわけではない。新入行員から支店長に至るまで、行員のやりがいやインセンティブの向上には、経営陣によるわかりやすい情報開示や説明が必要だろう。特にDXの場合、業務の進め方が変わるだけでなく、人員の配置転換を伴うのが普通であり、DBSのIR（インベスターズリレーション）で用いられる単純明快なプレゼン資料は、内部向けにも有効である。

5　2つのプラットフォーム：
　　顧客向けモール、アプリ開発の内製化

消費者向けECモールを黒子として運営

　DBSがハーバードビジネスレビューから、プラットフォーマーとして評価されたことは本章の初めで紹介したが、ここでいうプラットフォーマーには、アマゾンのような消費者向けのECモールと、商品やサービス開発におけるプラットフォーム的な業務の進め方という２つの側面があると考える。

　2017年、シンガポール通貨庁は、銀行が消費財またはサービスに関して、売り手と買い手をマッチングすることを容認すると発表した。DBSはその年に自動車の売買、2018年には自由化された電力会社の選定サイトをスタートさせた。さらに、2018年には不動産の売買サイトがローンチされた。これら

3つに加えホテルや航空券の予約ができる旅行サイトが、マーケットプレイスというブランド名で統一された。

　マーケットプレイスは、シンガポールのすべてのサイトのなかでもトップクラスの訪問者を誇るまでに成長している。たとえば、自動車売買のサイトでは売り手、買い手のマッチングは自動車のディーラーだけでなく、個人間でも可能である。売買は当事者間に委ねられるが、買い手に自動車ローンが必要な場合、DBSに申し込みができる。業者とはAPIでつながっており、一つのエコシステム（生態系。ここでは、相互依存によるwin-winシステムを指す）が形成されている。

　実際のサイトを、不動産でみてみよう。図表3－9は不動産の購入プランニングのページだが、さまざまな質問に答えれば、自分にあったプランをローンの条件やキャッシュフローの推定を含め提示してくれる。次に、物件の一覧から、条件を入力していけば、希望に近い物件に行き着くことができる。物件の検索は、日本にある不動産会社のサイトと変わらない。違うのは、DBSと直接つながっており、住宅ローンの正式な申込みまでもが一つのサイトで完結できることだろう。これは、自動車売買や旅行サイトでも同じである。

　銀行が運営するサイトでありながら、マーケットプレイスで行われるのは不動産や自動車の売買であり、取引が成立すればAPIでつながった業者に手数料が入る。ファイナンスが必要になったときに銀行の出番が来るわけだが、銀行はあくまで黒子であることが重要だ。「リブモア・バンクレス」のわかりやすい事例である。

　日本でも大手ECモールの運営者が、個人の買い手にファイナンスをつけることがあり、DBSのマーケットプレイスが特にユニークであるわけではない。しかし、銀行が運営するワンストップショップがあれば、個人や中小企業にとって利便性の高いものになると思われる。

図表3－9　マーケットプレイス：不動産購入プランニング

Home planning should be stress free

Cut the guesswork. Let us help you work out the sums and find a home that meets your budget and preferences.

Start planning

 Work out your Property Budget
Use MyHome planner to get a detailed report on your home affordability

 Create your Cashflow Timeline
Generate a timeline of your cashflow and key home buying and selling milestones

 Calculate Home Loan Savings
Find out how much you could potentially save on your home loan with our Home Loan Savings Calculator

Browse listings

D28 - JALAN PELAJAU
SELETAR HILLS ESTATE
From SGD4,280,000.00

D19 - Punggol Drive
618B Punggol Drive
From SGD620,000.00

D15 - TER
OPERA ESTATE
From SGD3,50

（出所）　DBS

60

実用的な2-in-a-boxによる商品・サービス開発

　もう一つのプラットフォームは、内部での業務開発手法にある。2018年に提唱されたプラットフォーム業務運営モデルの核心は、2-in-a-boxにある。個別プロジェクトの立案・推進には、マーケティング部門とIT部門のマネージャーが組織の枠を超えて協力する。その年に、4つの分野で33のプラットフォームが開設された。上部組織としてプラットフォーム委員会があり、全グループ的な立場から予算や目標管理を行っている。

　年間1万人の行員が受講するデータドリブン研修で、「ビジネスはテクノロジー、テクノロジーはビジネスである」という考え方を徹底させる。そのうえで、データプラットフォームとエコシステムプラットフォームという2つのプラットフォームを同時進行させる。

　データプラットフォームでは、マーケティング部門とIT部門がデータを共有することで解決策を探る。たとえば、コールセンターでは電話をしてくる顧客の取引履歴やオンラインでの行動を分析することで、チャットボットなどへの誘導を図った。この結果、電話数（インバウンドコール）は14％削減された。

　また、住宅ローンの他行への借換えでは、これまでに借換えをした顧客の属性をパターン化する。そうした顧客には、ローンの新規実行時に金利優遇を行うなどして、借換えを防ぐ手立てを講じる。エコシステムプラットフォームとは、APIを通じたパートナー企業との連携で、2019年末時点で90社以上と400のプログラムを構築している。

　ここで、2-in-a-boxの概念を邦銀のビジネスの進め方と比較しよう。通常、マーケティング部門とIT部門は違う組織であり、アプリの開発を一つのチームとして一体的に取り組んでいるかに関しては微妙だろう。ここで重要な点は、マーケティング部門はテクノロジーに疎いものの顧客のニーズをつかんでいる一方、IT部門はテクノロジーに詳しいものの、顧客ニーズから離れたところにいるということである。

テクノロジーがあっても、顧客が受容しなければビジネスにはつながらない。マーケティング部門とIT部門の密接な協力があってこそ、テクノロジーがビジネスになるわけだ。しかし、本邦の地銀ではシステム開発やメインテナンスをベンダーに丸投げしているケースが多く、DBSとの違いが際立つ。銀行がテクノロジーカンパニーになり、個人・法人顧客の利便性を向上させるためには、IT部門の人員増と内製化が必須になる。

6 システム人員の内製化：競争力の源泉

プロ人材の積極採用でアジャイル（迅速）なサービス提供

DBSの戦略変更は2014年だが、その時点ではIT部門の85％は委託先の外部業者の人員が占めていた。しかし、2019年には90％が内部人員となった。2019年末のIT部門人員は6,000人となり、これは全従業員の23％に相当する（DNBの16％より大きい）。FY19のアニュアルレポートによれば、DBSのもつ既存システムのうち93％がクラウドに移行し、コンピュータセンターの大幅なダウンサイジングが可能になった。ビジネスモデルの転換を支えたIT部門の人材拡大と内製化は、どのようなプロセスをたどったのかをみてみよう。

テクノロジー人材の本格採用が始まったのは2015年だが、2016年にはシステムのクラウド化およびプログラムの共同開発や人材育成で、IT会社であるピボタルラボとの提携がスタートした。一方で、CX理念の本格的導入や組織間の壁を取り払う努力も行われている。

2017年以降、Hack 2 Hire（ハッカソン：IT技術者が一定期間集中的に開発作業を行うイベント）が何回か開催された。累計の応募者は10万人に達し、600人が採用された。さらに2018年には、前述したように2-in-a-boxによるプ

図表 3 −10　Jobの公募

✕	Home　About Us　Careers　FAQs

Welcome. You are not signed in.　　　　　　　　　　　　　　　　　　Sign In

Job Search　**My Jobpage**

Keyword　　　　　　　　　　Location　　　　　　　　[　　　]　　　　　　　　View All Jobs / Advanced Search

Job Openings 1 - 25 of 779

Posting Date	Save this Search					Multi-line　？
[　　　▾]		Sort by			Jobs available in:	
		Relevancy　▾	▾	Descending ▾	English (779)	▾

Location

Country

Singapore (283)
India (165)
Hong Kong (145)
Indonesia (115)

Region

DBS Asia Central (84)
Show more...
See all locations

Job Field

Job Classification

Business Enabler (468)
Revenue Generator (112)
Others (59)

Job Family

Technology (212)
Operations (73)
Show more...
See all job fields

Job Type

Experienced (70)

Job Schedule

Full-time (674)

Requisition Title	Location	Posting Date	Actions
Consumer Banking Ecosystem & BD Specialist	Indonesia	Feb 10, 2021	**Apply**
Customer Research Manager (UX/UI)	Hong Kong-One Island East	Feb 10, 2021	**Apply**
Associate / Analyst, Customer Operations (CO) Data Science Analyst	Singapore-DBS Asia Hub	Feb 10, 2021	**Apply**
Associate, Frontend Engineer, Group Consumer Banking and Big Data Analytics Technology, Technology & Operations	Singapore-DBS Asia Hub	Feb 10, 2021	**Apply**
Team Lead, Real Estate, Corporate Banking (Licensed)	Hong Kong-The Center	Feb 10, 2021	**Apply**
Product Manager, eChannels - Global Transaction Services (GTS)	Singapore-DBS Asia Central	Feb 10, 2021	**Apply**
Senior Associate, Trade Operations, Private Banking Ops	Hong Kong	Feb 9, 2021	**Apply**
Specialist, Application Developer	China	Feb 9, 2021	**Apply**
Vice President, Project Manager - AI Industrialization & Data Platform Evolution, DataFirst Program, Transformation Group	Singapore-DBS Asia Central	Feb 9, 2021	**Apply**
AVP / VP, Institutional Banking Business Finance, Group Finance	Singapore-DBS Asia Central	Feb 9, 2021	**Apply**
Specialist, Operations, Trns Svcs-Trade Operations, Corporate Banking	China	Feb 9, 2021	**Apply**
Vice President, DataFirst Program Management, Transformation Group	Singapore	Feb 9, 2021	**Apply**
VP, Programme Manager, Technology & Operations	Singapore-DBS Asia Hub	Feb 9, 2021	**Apply**
Senior Associate, DBS Consumer Brand Marketing, Consumer Banking Group	Singapore-DBS Asia Central	Feb 9, 2021	**Apply**
Specialist, Business Compliance, Support Unit	China	Feb 9, 2021	**Apply**
Team Lead, Application Developer	China	Feb 9, 2021	**Apply**
VP/AVP, Digital Product Manager, Wealth Mortgage Loan Product Design & Pricing, Consumer Banking Group	Singapore	Feb 9, 2021	**Apply**
Collection Agent	Indonesia	Feb 9, 2021	**Apply**
Specialist, Contact Centre, Consumer Banking, Technology and Operations	India-Maharashtra-Pune	Feb 9, 2021	**Apply**
Recovery Agent	Indonesia	Feb 9, 2021	**Apply**

（出所）　DBS

ラットフォーム業務運営がスタートしている。

　Hack 2 Hireはシンガポールとインドで開催されたが、応募者はインドの
ほうが多かった。応募者のバックグラウンドには、情報通信業や小売業のほ
か、スタートアップ企業の経験者や学生などが含まれる。2日間のハッカソ
ンの後、多様かつ優秀な人材が採用された。そうした人材を2-in-a-boxで育
成・活用し、実際に顧客の役に立つサービスにつなげていったのが、DBSに
よるDX成功の要因と考える。

　IT用語のなかでよく用いられるものに、アジャイル（Agile、迅速さ）があ
る。IT人材の採用、戦力化のためには銀行が組織としてアジャイルでなく
てはならないだろう。日々進化するテクノロジーを取り込むためには、年功
序列や前例にとらわれない対応が必要になる。IT分野で競争力を得る、あ
るいは維持するためにはプロ人材の採用（ジョブ型雇用）が必須であるが、
能力を最大限生かすための業務・人事の制度設計も欠かせないだろう。

　なおDBSの人材採用に関しては、外部からの公募が活用されている。図表
3－10では、全部で779の職務がリストされているが、地域はシンガポール
が283、インドが165、香港が145、インドネシアが115となっている。職種別
（Job Family）では、テクノロジー系が212、バックオフィスが73。そのほ
か、経験の有無、フルタイム・パートタイムも選べるようになっている。個
別の公募ページをクリックすると詳細な職務内容（Job Description）が表示
される。邦銀でも、現行の人事制度に一部でもジョブ型を入れたい場合、こ
のページが参考になるだろう。

7 シンガポール政府のDX推進政策：日本への示唆

国が率先して取り組むデジタル包摂

　DBSのDXが成功した要因には、優秀なIT人材を市場価格で採用できたことが大きいが、それを可能にしたのはDBS自体の好調な業績と、国をあげてのDX推進があったと思われる。ノルウェーのDNBとの共通点は、国が主導するDXの流れに、国が筆頭株主となっているトップ行がうまく乗ったことにある。

　シンガポールのスマートシティ構想である「スマートネーションイニシアチブ」は、2014年に発表された。デジタル技術とデータの活用によって、少子高齢化や経済成長の鈍化に対応する。そのための施策としては、国民一人ひとりのデジタル認証やキャッシュレス化の推進、電子行政サービス、スタートアップ企業の支援やヘルスケア部門のデジタル化などがある。ドローンによる空からの配達など、ユニークな施策もある。

　前述のように金融インフラの一つとなった「ペイナウ」は、デジタル認証や政府によるキャッシュレス化の推進政策がなければ、これほど普及はしなかったと思われる。2017年に開始された「AIシンガポール」では、AI人材育成のため助成金付きの専門家育成コースに加え、一般市民向けの受講料無料の基本講座などが提供されている。スタートアップ企業への支援を含め、IT人材に厚みができる仕組みである。

　国の施策として重要なのは、「すべての国民」がデジタルサービスの恩恵を享受できる社会を目指していることだろう。たとえば、高齢者向けのデジタルに関するトレーニングプログラムがあり、国が率先してデジタル包摂に取り組んでいる。

　DBSに関しては、その先進的な取組みが世界中のメディアや識者に高く評

価されている。しかし、顧客の側にデジタルサービスを受容する下地がある
ことも見逃せないだろう。政府のイニシアチブもDBSの戦略転換も、同じ
2014年にスタートしたことは偶然ではない。

「遠い国の遠い話」ではない

　ノルウェーの人口は537万人、シンガポールが569万人、どちらも国民の
ITリテラシーが高いなかで、政府主導でDXが推進されたという共通点があ
る。日本の場合は人口が1.27億人、キャッシュレス決済の比率も相対的に低
い。邦銀のDXは現在、内部事務の合理化が中心であり、DNBやDBSの動き
は「遠い国の遠い話」に聞こえるかもしれない。しかし、政府のDXが進め
ば、邦銀も否応なしにDXへの積極的な対応が求められるだろう。その時、
IT人材を市場価格で採用し内製化できるのか、インセンティブやモラール
を保つための人事制度を確立できるのか、問題が山積している。

　一部のメディアや識者は、戦国時代の国盗り合戦のような視点で地銀の再
編を論じている。しかし本質的な課題は、システム開発をベンダーに丸投げ
してきたカルチャーのなかで、自前のDXを推進できるか否かにある。本格
的なDXは効果が出る前にコストが嵩むという課題があるが、それを解決す
るものとしての統合が新たな流れになる公算がある。すでに米国では、大手
地銀同士の統合で誕生したトゥルイスト（Truist）という実例があるが、次
章でその詳細を分析していく。

（参考）DBSのイメージ戦略：YouTubeでのショートドラマ
　DBSをシンガポールだけでなく、香港やインド、インドネシアの消費
者に身近な存在としているものに、YouTubeにアップされている「DBS
Sparks」がある。これは、取引先との実話をもとにした10分程度のミ
ニドラマシリーズで、相続、事業承継、地域再開発、環境保全、起業な
どテーマは多岐にわたる。プロの俳優が演じているが、リアリティのあ
るドラマに仕上がっている。シリーズ1（10話）、シリーズ2（7話）を

あわせて、合計 1 億回以上再生されているが、エンターテインメント性に加えESG、SDGsの要素もあり、社会における銀行のあり方について考えさせられる好シリーズである。全編英語だが、字幕がついており、英会話の勉強にも適しているように思える。なお、全17話の題名とテーマは以下のとおり。

［シリーズ1］

　エピソード

1　Once Upon A Time：リブモア・バンクレス、プラットフォーム

2　Saving Sunlight：地域再開発

3　Fighting Giants：再開発をめぐる大手ホテルチェーンとの確執

4　Never Too Late：投資詐欺

5　In Pursuit Of The Cure：相続

6　New Beginnings：発展途上国での学校運営、ジェンダーギャップ

7　Stand By Me：中小企業の事業承継

8　A Big Deal：大企業の大型M&A

9　Lightning Future：インドでの太陽光発電

10　Sparking A Purpose：上の続編（2018年の作品だが、すでにウエブ会議が出てくる）

［シリーズ2］

　エピソード

1　Generation Challenger：中小企業の事業転換

2　Pay It Forward：零細商店への資金繰り支援

3　From Grounds Up：環境問題、起業

4　The Trash Princes：スタートアップ事業への支援

5　The Future Of Our Past：ヘルスケアのあり方

6　Agents Of Change：インドにおける男女平等のビジネス機会

7　A Call To Action：食物の廃棄問題

第 **4** 章

トゥルイスト
─新しい地銀統合のかたち─

統合の波にさらされる米国の地銀

20年で銀行数が半減

　米国のFDIC（連邦預金保険公社）によると、2000年に8,315あった預金保険対象行は2019年には4,519にまで減少した（図表4－1）。米銀の数が多いのは、広い国土とかつての州際業務規制のためであろう。その数が20年で半分近く減少した背景には、IT技術の発展で、スマホやPCを使えば金融サービスをどこにいても利用できるようになったことがあげられる。そのため、地域に根差したコミュニティバンクの存在意義が希薄化した。

　また、全米規模で銀行同士および非銀行との競争が激化していることも見逃せない点である。こうした問題に対応するためには新規のIT投資が必須であるが、その資金を捻出するためには規模の拡大による経費削減が不可欠となる。

　2000年以降、大手行の顔ぶれも大きく変わった。かつてのマネーセンター

図表4－1　米国預金保険対象行数の推移

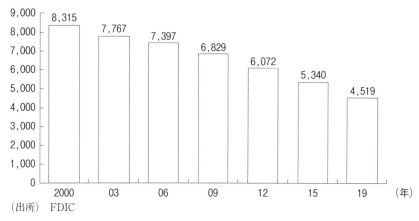

（出所）　FDIC

バンクは、資産規模順にJPモルガンチェース（ニューヨーク証券取引所の
ティッカー：JPM）、バンク・オブ・アメリカ（BAC）、シティグループ（C）
の３社に集約された。2020年末の資産規模でCをしのぎ第３位の地位にある
ウエルズ・ファーゴ（WFC）は、西海岸のサンフランシスコに本社をもつ
が、リーマンショック後の2008年に、東海岸の有力地銀であったワコービア
を傘下に収めた。WFCは四大行の一角を占めるが、業務内容的には全米展
開のリテール銀行である。同行の歴史をたどれば地銀と分類しても違和感は
ないだろう。

　全米第５位は、中西部五大湖地域のミネソタ州ミネアポリスに本拠を置く
U.S.バンコープ（USB）、第６位はノースカロライナ州のシャーロットに本拠
を置くトゥルイスト（Truist、TFC）、第７位には、鉄鋼の町からITの町へ
と変貌を遂げた東部ペンシルベニア州のピッツバーグを本拠とするPNCが
ランクインしている（図表４－２）。

　日本の地銀数は2020年12月末時点で地銀協加盟銀行が62、第二地銀協加盟
銀行が38で合計100。米国の人口が日本の2.6倍の3.3億人であることを考慮

図表４－２　米国主要地銀の本店所在地

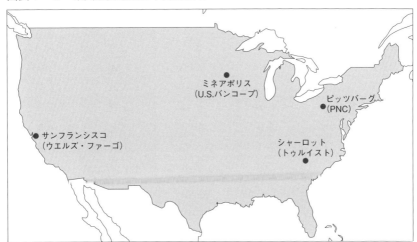

（出所）　著者作成

しても、日本の地銀数が多すぎるとはいえないだろう。邦銀の低収益の根本的な要因は、一部の識者が主張するオーバー・バンキングではなく、第1章で述べたとおりオーバー・デポジット（過剰預金）にある。

規模の利益に再フォーカス

　米国の大手地銀について2020年12月期（FY20）の業績を比較すると、与信費用が嵩んだWFCの当期利益が落ち込んだ一方、その逆の理由でPNCが高い利益を記録した（図表4－3）。他の2行をみるとUSBの長期債格付が比較的高いほか、トゥルイストは一時的な統合費用を除けば、OHRが55％台にある。

図表4－3　米国の主要地銀の業績（2020年12月期）

米銀内資産規模順位	第3位	第5位	第6位	第7位
	ウエルズ・ファーゴ	U.S.バンコープ	トゥルイスト	PNC
本店	サンフランシスコ	ミネアポリス	シャーロット	ピッツバーグ
NYSEティッカー	WFC	USB	TFC	PNC
時価総額（12月末、兆円）	12.9	7.3	6.7	6.5
総資産（兆円）	171.3	57.3	52.7	48.3
当期利益（億円、注）	3,416	5,133	4,649	7,823
NIM（％）	2.27	2.68	3.22	2.53
不良債権比率（％）	1.00	0.44	0.27	0.97
ROE（％）	1.0	10.0	6.8	6.0
CET1比率（％）	11.6	9.7	10.0	12.1
OHR（％）	79.7	57.8	65.6（注）	60.9
長期債格付（持株会社。S&P/Moody's）	BBB＋/A2	A＋/A1	A－/A3	A－/A3

（注）　1ドル＝103.5円として換算。当期利益はGAAP上のもの。トゥルイストのOHRは合併後の一時コストを除くと55.9％。
（出所）　各行（連結）

ここで注目すべきは株式時価総額で、USB、トゥルイスト、PNCの各行が近接していることである。実は、2019年はトゥルイストに、2021年にはPNCに大きなニュースがあった。

　トゥルイストは2019年12月、東海岸ノースカロライナ州のウィンストン・セーラムに本拠を置くBB&T（Branch Banking & Trust）と、東南部ジョージア州のアトランタに本社をもつサントラスト（Sun Trust Bank）の持株会社として発足した。統合はBB&Tが存続会社となりトゥルイストに社名を変更、サントラストの株主にトゥルイスト株を割り当てる株式交換方式がとられた。持株会社発足時のサントラストの時価総額は約2.9兆円であり、リーマンショック以降で世界最大の銀行統合となった。

　2020年11月、今度は資産規模で全米第7位のPNCが、スペインのBBVAがもつ米国のリテール銀行を、約1.2兆円で買収すると発表した。買収は2021年6月に完了、資産規模は約58兆円となり、USBを抜き全米第5位に躍り出た。

　大きな市場である米国には多くの外銀が銀行子会社をもっているが、そうした外銀にはBBVAのほか、トロントドミニオン（加）、HSBC（英）、三菱UFJ、BNPパリバ（仏）などがある。BBVAは欧州での厳しい経営環境のなかで海外事業を見直しており、その一環としての米国のリテール事業を売却する決断をした。HSBCも、米国のリテール業務からの撤退を検討していると報道されている。

　外銀にとって米国市場は懐が深く、リテール事業は利鞘の高さや市場の成長性から魅力的であった。しかし前述のように、銀行間、および非銀行との競争が激化するなかで、十分な規模をもたなければ、所期の収益が達成できないという問題が生じている。名門の投資銀行であるゴールドマンサックス（GS）までがネットによるリテール事業に参入するなかで、地銀業界で規模の重要性が再認識されている。今後、トゥルイストやPNCのようなM&Aによる規模拡大の動きが他の地銀にも波及していくだろう。

2 トゥルイストへの市場の期待：
経費削減＋テクノロジー

2行合計で280年近い歴史

　PNCによるBBVA子会社の吸収は、形態としてはこれまでの買収案件と大きな違いはない。一方、トゥルイストは規模の似通った地銀（資産規模で全米第16位と第17位）の合併というユニークな案件である。リーマンショック後の金融機関の合併では世界最大でありながら、日本ではあまり話題にならなかったが、合併の理由と進め方（PMI、Post-Merger Integration）は示唆に富む。

　BB&Tは1872年、ノースカロライナ州で創業された。1913年に、現在の社名に変更。その後多くの銀行を買収し、サントラストとの統合発表（2019年2月）前の2018年12月期（FY18）では、近隣のサウスカロライナ州、バージニア州を含む15の州とワシントンD.C.で業務を営むスーパーリージョナル銀行に成長していた。同期の当期利益は約3,200億円、支店数は1,893、従業員数は3万7,000人。伝統的にコミュニティバンキングに強く、同期の当期利益の部門別内訳は、消費者向けが43％、中小企業向けが23％、その他金融サービスと大企業向けで17％、保険業務が17％となっている。傘下に全米で第6位の保険ブローカーをもち、主に中小企業向け、およびその経営者向けの損害保険を取り扱っている。

　サントラストは1891年、ジョージア州で創業された。BB&Tと同様、多くのM&Aにより成長してきた。FY18末時点では近隣のフロリダ州、ノースカロライナ州を含む11の州とワシントンD.C.で1,169の支店をもち、従業員は2万3,000人、当期利益は2,900億円。業務粗利益の部門別内訳は、開示のあるFY16で消費者向け銀行業務が32％、大企業向けおよび投資銀行業務が20％、中小企業向けが14％、ウエルスマネジメントが12％、住宅ローンが

11％、消費者金融で8％、商業用不動産向け貸出が3％である。

　投資銀行業務に加えデジタル関連に強く、FY18に「最も望ましいモバイル（スマホ）バンキング賞」や、「ベストモバイル預金・ユーザーエクスペリエンス賞」を受賞しているのをはじめ、メディアや調査機関からさまざまな賞を受けている。特にオンラインレンディングでは、業界の先端を走っていると評価が高い。

　2021年の時点でBB&Tは149年、サントラストは130年の歴史を有しており、2行をあわせると279年になる。日本でいえば、近隣県の老舗名門地銀同士の合併といえよう。

1.6億ドルの経費削減

　統合発表前のFY18におけるBB&Tとサントラストの当期利益は順に3,200億円、2,900億円であり、現在の日本の地銀経営の感覚からすれば統合を急ぐ必要性は見当たらない。東南部という人口増加地域に立地し、両行ともStand Alone（単独）ベースでも、業務と収益の拡大が可能だろう。しかし、トゥルイスト経営陣は統合に対して、「強者＋強者＝より強い銀行」（キングCEO）という意識を強くもつ。統合の目的は、単純化すれば、経費削減と、そこから生じる余剰資金によるイノベーション＆テクノロジー投資にある。

　統合が発表された2019年2月から12月の持株会社発足までの10カ月間で、BB&Tの株価は30％、サントラストは40％上昇した。この間のS&P500の上昇率は17％だから、両行とも市場をアウトパフォームしたことになる。銀行統合によって米国でスーパーリージョナルバンクが続々と誕生した1990年代、ほとんどのケースで被買収側の規模の小さな銀行の株価が市場をアウトパフォームした一方で、買収側の大きな銀行の株価はアンダーパフォームした。これは合併後の新銀行の企業価値は、合併効果が表れるまで2つの銀行の間になるという考え方が常識であったためだ。

　だが、トゥルイストでは新銀行の企業価値が早い段階で旧行の合計を上回る、と市場が判断したことになる。BB&TとサントラストはともにNIMが

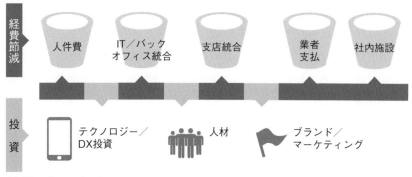

図表4－4　トゥルイストの16億ドルの経費削減計画（目標2022年）

（出所）　トゥルイスト

３％台と、大手地銀のなかでも比較的高い水準にある。しかしROEは、投資家がベンチマークとする10％に届いていなかった。市場は、統合によりROEが改善するとみたわけだが、その背景には、トゥルイストが打ち出した年間16億ドル（1,660億円）の経費削減計画があげられる（図表4－4）。これは、FY18の２行合算経費の12.7％に相当する。

　経費の削減は2022年までの３年間で達成される計画で、その時点でのOHR目標は51％（FY18のOHRはBB&Tが60％、サントラストが62％）と意欲的だ。具体的な削減策には人員の抑制、バックオフィスの統合、全体の24％に相当する重複店の統合・廃店、各種ベンダーへの業務委託費の見直し、不要な社内施設の売却などが含まれる。経費削減で捻出された資金は、テクノロジー（DX）投資やIT人材の新規採用、ブランド・マーケティング戦略に投下される。キングCEOは、年間で100億円以上がIT投資に向けられるとしている。

DX推進のための統合

　市場が新銀行の価値が早期に２行合算を上回ると判断したのは、経費削減に加えDX投資と業務のシナジー効果が新たな収益を生むとみたためだろう。トゥルイストは、2022年にBB&Tとサントラストのシステム統合を予定

している。それまで2行は、現在の名称のまま営業を続ける（ATM手数料は2行間で無料化）。システム統合後に2行が合併し、新たにトゥルイスト・バンクが誕生する。

2022年までのシステム投資、リストラなど合併のための一時的費用は20億ドル（2,100億円）と試算されている。システム関連では、両行をあわせて3,000もある各種アプリケーションの一つひとつに関して、優れたほうを残す方針が発表されている（ベストプラクティス方式）。これにより、ハードウエア、ソフトウエアだけでなく第三者ベンダーの重複が解消される。

図表4−4でもう一つ重要な点は、上の段で人件費を削減するとしているものの、下の段では人材投資を行うとしている点だろう。これは、支店やバックオフィスの統合で旧来型の事務担当人員を削減する一方で、優秀なIT人材を採用する、すなわち人材を入れ替えることを意味する。

ブランド＆マーケティングは、新しい銀行名となるトゥルイストを顧客に浸透させるための費用である。繰り返しになるが、トゥルイスト発足の目的は「規模の利益によるDX推進」ということである。同社は新本社近隣の新築ビルに、ラボ型のイノベーション＆テクノロジーセンターを開設した。これには統合の象徴という意味に加え、DX推進の重要性を顧客のみならず従業員に知らしめる効果がある。

なお、業務のシナジー効果としては、BB&Tが得意とする保険代理店業務をサントラストの顧客にも広げることや、サントラストが業界の先端を走っているとされるオンラインレンディングのBB&T顧客への拡販などが考えられる。

3　3つのT：
タッチ、テクノロジー、トラスト

「トゥルイスト」に込められた意味

　トゥルイスト（持株会社）は2019年12月9日に発足したが、その半年前の6月に新社名が発表された。Truistは造語であるが、そのスペルはTrustに似ている。TrustはBB&T（Branch Banking & Trust）とサントラスト（Sun Trust）の名称に共通している。Trustは日本では信託銀行の英語名に使われているが、もともとは信頼、信用の意味をもつ。またTruistはTrueの語感にも近く、正直な企業カルチャーの形成や、顧客ニーズにあった真のサービス開発の意味も込められている。

　一般に顧客にとって商品・サービスの価値（V、Value）は、提供されるものの質（Q、Quality）を価格（P、Price）で除したもので得られる（図表4－5）。残念なことにこれまでの邦銀は、国内業務において貸出金利（P）を下げることによって顧客の効用（V）を上げてきた。これはサービスの質（Q）に差をつけられないなかで、顧客を奪いあってきた結果である。しかし、単純なPの引下げは収益力低下による消耗戦をもたらした。

図表4－5　トゥルイスト：3つのT

$$V = \frac{Q^{f(T3)}}{P}$$

Touch×Technology＝Trust

（出所）　トゥルイスト

合併行にとって重要な従業員の意識

これに対してトゥルイストのアプローチは、価格を下げずにサービスの質を高めることにより「顧客に信頼される銀行」になるというものだ。きれいごとにすぎないとの批判もあるが、同社はより現実的に価値を高めるものとして、3つのTを掲げた。

1つ目のT（タッチ）は、チームメイトへの投資を指す。従業員の銀行経営への参加意識を高めるために、給与や年金水準を引き上げる。また、働き方改革により地域コミュニティとかかわる時間を増やし、人事面ではダイバーシフィケーション（多様化）を推進する。

銀行の資産は店舗やコンピュータシステムもあるが、基本は人材である。合併の場合、従業員は今後の自分の処遇に不安を抱く。米銀の場合、リストラによる人員削減は避けられないが、残った人材のモラールやモチベーションをどう保つか、あるいは上げていくかが合併の成否を左右する。

トゥルイストが注目されるのは、ここでチームメイトという言葉を使ったことだろう。新銀行においては、出身行にかかわらず従業員は等しく「仲間」として扱われ、給与や年金も改善する。これで、処遇に関する不安はかなり払拭される。邦銀でも合併で、給与水準を旧行のうち高いほうにあわせたケースでは、行員の不満はあまり聞かれない。

2つ目のT（テクノロジー）では、カスタマージャーニーへの関与を強化し、新世代のプラットフォームを構築する。BB&Tは2020年、消費者行動の分析に定評があるJ.D.パワー社から、大手米銀を対象とするモバイルアプリ調査で、顧客満足度No.1の評価を得ている。やる気に満ちた従業員が利便性の高いサービスを提供することで、3つ目のT（トラスト＝顧客からの信頼）を生み出す。一連の流れで新銀行の収益があがれば、株主に加え顧客、従業員、そして地域コミュニティにも良い影響が期待される。3つのTとは、すべてのステークホルダーに資する業務の進め方といえよう。

4 コロナ禍における統合作業の微修正

シナジー効果が先に表れ経費削減も順調

　それでは、経費削減のラップを含め統合の効果はどう表れているのだろうか。トゥルイストの2019年12月期決算（FY19）は、持株会社の発足が12月9日だったためBB&Tの1年分の計数にサントラストの23日分の業績が加算されており、ほかの年度との比較が複雑になる。そこで、ここでは統合発表前のFY18（2行の単純合計）と、実質的に統合後初年度のFY20を比較することとしたい（図表4－6）。

　まず業務粗利益は2年間で、9.3％増加した。資金利益、役務収益とも順調で早速シナジー効果が表れているように思える。資金利益は、コロナ禍における政府の中小企業支援融資に伴う貸出増加の影響があると考えるが、役務収益では特に保険代理店業務が伸びている。

　経費の増加は18.2％で、業務純益は4.3％の減益となった。ただ、システム統合や支店・人員のリストラによる一時的な費用増加を除くと、業務純益は1兆円超となり実質的には増益となる。OHRも表面的には65.6％だが調整後では55.9％となり、目標の51％に向け順調な滑り出しとなった。与信費用の増加で最終利益は減益となったが、これは世界的な傾向で驚くに当たらない。重要な点はNPL（不良債権）比率が、0.27％とFY18より下がったことだろう。CET1比率は、すでにメドとする10％に達した。

　16億ドルの経費削減は邦銀と同じように管理会計上の数字だが、FY20では6.4億ドル（40％）の削減に成功した。今後の計画はFY21で10.4億ドル、目標年度のFY22での16億ドルを達成する。経費削減は、プランどおり進んでいるといえよう。

図表4－6　トゥルイストの業績推移

(単位：百万ドル)

	FY18	FY18	FY18	FY20	増減（％）
	BB&T	サントラスト	単純合計	トゥルイスト	
資金利益	6,682	5,987	12,669	13,826	9.1
役務収益	4,876	3,226	8,102	8,879	9.6
業務粗利益	11,558	9,213	20,771	22,709	**9.3**
経費	6,932	5,673	12,605	14,897	18.2
うち一時費用				2,202	―
業務純益	4,626	3,540	8,166	7,812	－4.3
与信費用	566	208	774	2,335	201.7
当期利益	3,257	2,775	6,032	4,492	－25.5
NIM	3.46%	3.22%	―	3.22%	
OHR	60.0%	61.6%	60.7%	**65.6%**	4.9%
一時費用を除くOHR				**55.9%**	**－4.8%**
NPL比率	0.35%	0.35%	0.35%	0.27%	－0.08%
CET 1 比率	10.2%	9.2%	―	10.0%	―
支店数	1,893	1,169	3,062	2,781	**－9.2**

(出所)　トゥルイスト

支店削減の加速とモバイルアプリの統合

　トゥルイストはFRBから統合の条件として、サントラストの支店のうち30と、24億ドル（2,480億円）の預金を他行に切り離すことを求められた。これは、独占禁止法を念頭に置いた措置である。貸出資産の売却は、日本でも長崎県の十八銀行と親和銀行の合併で行われた。

　2020年の1年間でサントラストはテネシー州の地銀であるファーストホライズンバンク（First Horizon Bank）に30の支店を売却した。これを含めFY18からFY20まででトゥルイスト全体の支店数は9％、従業員数は8％減少したが、目標の24％と比較するとやや物足りないとの見方が市場にある。

コロナ禍で中小企業向け貸出を中心に支店の役割が見直されたこともあり、経営陣は支店や従業員の削減を急がないとしている。

　ただ、緊急貸出の実行が一段落したことで、FY21はリストラのペースが加速するとみられる。開示資料によれば、第1四半期だけで226支店の統合、または廃止が計画されている。トゥルイストは、近隣州のスーパーリージョナルバンク同士の合併であり、もともと支店の重複が多い（図表4－7）。持株会社のスタート時に、2マイル（3.2km）以内にある800の重複店が削減の対象となったが、今後は店舗内店舗への転換など現実的な施策が計画されている。

　FY21でもう一つ重要なことは、モバイル（スマホ）アプリの統合だろう。前述のようにBB&Tとサントラストのシステム統合と合併はFY22に予定されているが、その前のFY21にモバイルアプリが統合される。同社によると、第2四半期にトゥルイストとしてのアプリが試験的に導入され、第3四

図表4－7　トゥルイストの支店網

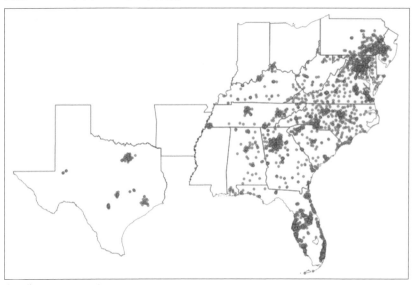

（出所）　トゥルイスト

図表4－8　モバイルアプリの統合

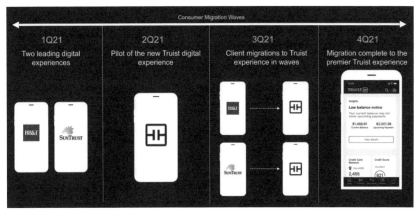

（出所）　トゥルイスト

半期にそれぞれ独自に機能しているBB&Tとサントラストのアプリと置き換えられる。置き換えが終わる第4四半期には、モバイルアプリはトゥルイストに統一され、1ブランドになる（図表4－8）。

　新アプリは、サントラストの中小企業・個人事業者向けサービスなど両行の優れた点を取り入れると思われるが、顧客との関係で2つの重要な意味をもつ。第一は合併による新銀行の発足前に、トゥルイストのブランドネームの定着を図ること、そして第二は顧客の間でモバイルバンキングの利用が日常的に行われることだろう。米国ではすでに、勘定システムの統合よりもモバイルアプリの統合を優先する状況になっている点は注目される。

5　新しいガバナンスのかたち：
生え抜きCEO同士による真の対等合併

第三の街に新本社を置く

　今回の統合を主導したのは、BB&Tのケリー・キング会長兼CEOと、サントラストのビル・ロジャース会長兼CEOである。邦銀の参考となるのは、専門のプロ経営者が多い米国で、２人とも出身行の生え抜きであることだろう。キング氏は1948年生まれ。1972年にBB&Tに入行以来、一貫して同行に勤務してきた。ロジャース氏は1957年生まれ。1985年にサントラストの前身の一つであるトラストカンパニー・オブ・ジョージアに入行以降、キャリアはサントラストとともにある。

　BB&Tは149年、サントラストは130年の歴史をもち、経営陣や従業員が名門意識をもつうえに、企業カルチャーも異なる。統合を進めるうえでの３つのT（タッチ、テクノロジー、トラスト）の筆頭にタッチがあるのは、両行の従業員の意識を早期に「トゥルイストのチームメイト」にもっていくことが必須と考えたためだろう。幸い、統合は2019年12月の持株会社設立と、2022年のシステム統合・銀行合併の２段階になっており、銀行合併までの時間はある（図表４－９）。

　2020年末現在、キング氏はトゥルイストの会長兼CEO、ロジャース氏は社長兼COOだが、両氏が強調するのは、統合が真の対等合併であることだ。資産額や最終利益の絶対値、株式時価総額などから統合比率はBB&T57、サントラスト43に決まった。ただ、トゥルイストの執行役員、取締役の数はBB&T、サントラスト出身者が同数となっている。

　統合のスキームとして注目すべきは、以下の２点だろう。それは、新本社の場所選定と、CEOの交代をあらかじめ定めたことである。

　BB&Tの本拠地はノースカロライナ州のウィンストン・セーラムで、この

図表4-9　トゥルイスト統合のスキーム

	BB&T	トゥルイスト	サントラスト
合併比率		BB&T57：サントラスト43	
スケジュール		2019年12月：持株会社設立 2022年：2行が合併（システム統合）	
本社の所在地	ウィンストン・セーラム（NC）	シャーロット（NC）	アトランタ（GA）
本部機能		シャーロット：本部、イノベーション＆テクノロジーセンター	
		ウィンストン・セーラム：コミュニティ、保険	
		アトランタ：ホールセール、投資銀行	
CEO	ケリー・キング	2019年12月～2021年9月 ケリー・キング 2021年9月～　ビル・ロジャース	ビル・ロジャース
執行役員数	13	BB&T7：サントラスト7	9
取締役数	15	BB&T11：サントラスト11	11
筆頭取締役（社外）		2019年12月～2021年9月 サントラスト出身者 2021年9月～　BB&T出身者	

（注）　NC＝ノースカロライナ州、GA＝ジョージア州
（出所）　トゥルイスト（合併契約書ほか）

街にはたばこ会社のRJRレイノルスがある。サントラストが本拠を置くジョージア州アトランタで有名な会社は、コカ・コーラ本社。2つとも由緒ある街だが、トゥルイストが本社に選んだのは、ノースカロライナ州のシャーロットである。

地理的にみると、シャーロットは2都市の間にあるが、BACが本店を置く金融の街としても知られる。日本ではBACの本社はサンフランシスコにあるイメージがあるが、現在は旧ネーションズバンクの経営陣が主導権を握っている。トゥルイストはそのシャーロットで新築のビルを購入、そこを本社として2,000人の従業員が転勤した。シャーロットには、全体の本部機能のほかIT本部（イノベーション＆テクノロジーセンター）を置く。

ここで重要な点は、ウィンストン・セーラムとアトランタにも事業本部が残ったことだろう。BB&Tとサントラストの得意分野に沿ったかたちで、ウィンストン・セーラムにはコミュニティバンキングと保険業務の本部機能が、アトランタにはホールセールバンキングと投資銀行業務の本部機能が残された。本部機能が三都市に分かれていることに関しては、市場からは非効率との批判がある。ただ、すでに保険業務でシナジー効果が表れているほか、従業員のモラールにも良い影響を与えていると思われる。

統合合意時点で次期CEOも決定

統合合意によれば、キング氏は2021年9月にCEOを退任し名誉会長となり、2023年まで取締役を務める。ロジャース氏は、同月に社長兼CEOに、その半年後に会長兼CEOに就任する（その後は未定）。米国でも、統合の発表時点で次期CEOが定められているケースは多くない。

ガバナンス面で注目されるのは、筆頭（リード）取締役の出身母体だろう。トゥルイストの取締役は22人だが、キング氏、ロジャース氏を除く20人が社外取締役。取締役の数が多すぎるという批判は別にして、出身母体はきれいに10対10に分かれている。合意では、2021年9月までリード取締役はサントラスト出身者、それ以降はBB&T出身者が就くことになっている。米国におけるリード取締役の役割は法律に明確な規定はないが、おおむね取締役会全体の調整機能を担っている。トゥルイストはガバナンスとバランスの観点から、CEOとリード取締役のたすき掛け人事を行っているとみていいだろう。

日本における銀行統合のかたちは、大きく分けて３つある。①持株会社をつくり、その下に複数の銀行がぶら下がるが基本的に経営の独立性は保たれる、という地銀でよくみられる方式。傘下銀行のシステム統合があれば、効率性の追求がある程度可能になる。②持株会社の下にある複数の銀行が、合併まで進むかたち。統合効果が最も発揮できる方式で、トゥルイストはこの類型に入る。③その折衷形。持株会社傘下の銀行のうち似たビジネスモデルをもつものが合併、専門的な銀行や証券会社などが並列的に存続するもので、メガバンクに多くみられる。どのケースでも、規模の大きな銀行が持株会社を通じたグループ経営の主導権を握ることが多い。一方で、規模の小さな銀行はグループ経営に関して受け身的な立場になる。

　自行の考え方がグループ経営にあまり反映されないのであれば、建設的な提案をするインセンティブは下がる。グループ経営に関する当事者意識が希薄化することは、ガバナンスの観点からも推奨できない。しかしトゥルイストのように、小さな銀行のCEOが将来、合併銀行のCEOに就任することが決まっていれば、小さな銀行にも強い当事者意識が生まれる。日本でも老舗の名門行同士の統合・合併では、DXの推進のみならず、経営陣と従業員の当事者意識やモラール、インセンティブをどう高めていくかを、十分に検討する必要があるが、トゥルイストのガバナンスのあり方は一つの参考になるだろう。

第 5 章

U.S.バンコープ
―従業員エンゲージメント―

1 ユニークなビジネスモデル

リテールは26州、ホールセールは全米展開

2019年8月、米国の大企業団体であるビジネスラウンドテーブルは、企業の存在意義を「株主重視」から「すべてのステークホルダー重視」へと大きく転換した。その背景には企業の社会貢献が重要と考えるミレニアル世代の意識がある。

ステークホルダーには株主、顧客、地域社会のほか、従業員が含まれる。日本で「従業員重視」というと、福利厚生の充実度や従業員満足度、働き方改革の実践などに目が行きがちだ。しかし、業績向上のためには従業員のモラールやインセンティブが何よりも重要である。

従業員の会社に対する帰属意識、仕事のやりがいをもとにした自発的な貢献は、従業員エンゲージメントと呼ばれている。従業員エンゲージメントを成長のエンジンの一つとして位置づけ、それを実際の業績に結びつけている代表的な銀行が本章で紹介するU.S.バンコープ（USB）である。

USBは1863年に設立された全米最古の銀行の一つで、本社は中西部ミネソタ州のミネアポリスにある。その後、中西部や西海岸の多くの銀行を買収し、First Bank System、Firstarと名称を変えてきた。USBの名前は2001年、Firstarが西海岸オレゴン州にあった同名の銀行を買収した際に、自行の名前としたものである。

現在、26の州に2,730の支店をもち、個人・中小企業向けの業務を展開している。中堅・大企業向け取引やウエルスマネジメント（富裕層向け業務）は、全米で行っている。さらに、ECモール向けや企業間の決済サービスは欧州でも提供している（図表5－1）。総資産5,400億ドル（約57兆円）、時価総額680億ドル（7兆円）はともに、2020年末時点で全米では四大行に次

図表 5 − 1　U.S.バンコープの概要（2020年 9 月）

NYSE ティッカー	USB	支店	2,730カ店	総資産	5,400億ドル
設立	1863年	ATM	4,406カ所	預金	4,130億ドル
時価総額	680億ドル			貸出	3,070億ドル

地域	全米	国際
個人・中小企業取引	中堅・大企業取引 ウエルスマネジメント	決済業務、投資サービス

（注）　時価総額は2020年12月 4 日現在。
（出所）　U.S.バンコープ

ぐ第 5 位、地銀ではウエルズ・ファーゴ（WFC）に次ぐ第 2 位の規模をも
つ。

デジタル化で先行

　USBは、米国でも取引のデジタル化が進んだ銀行と知られており、アク
ティブなデジタル顧客数は全体の77％に達する（図表 5 − 2 ）。全取引のうち
77％がデジタルで処理されており、支店での取扱いは23％にすぎない。支店
での取扱いが0.08％であるノルウェーのDNBとは比較にならないが、米国
では大手行のなかで最高水準にあると思われる。

　USBは売上げの56％がオンライン経由と開示しているが、バンク・オブ・
アメリカ（BAC）では44％である。ここでいう売上げは業務粗利益と思われ
るが、大手行のなかではBAC以外、同様な開示はみられない。貸出チャネ
ルに関しては、2020年11月までの 3 カ月間でデジタル経由が56％となり、支
店と電話経由の44％を抜いた。

　地銀に分類される銀行には、ある地域で強いフランチャイズをもち、主に

図表5－2　デジタル化のトレンド

［アクティブなデジタル顧客数］

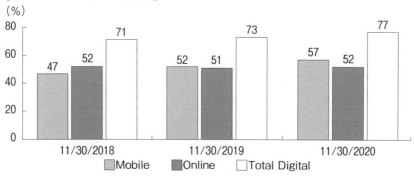

［チャネル別にみた取引の割合（全取引)］

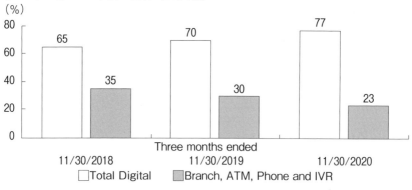

［チャネル別にみた取引の割合（貸出)］

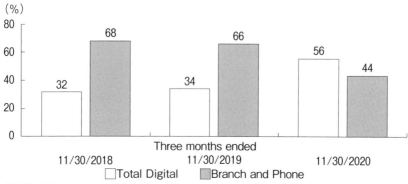

（出所）　U.S.バンコープ

個人・中小企業取引を展開するという共通の特徴がある。地域を州から複数の州に広げたものが、スーパーリージョナルバンクであり、前章で論じたトゥルイストやPNCがこのカテゴリーに入る。一方、全米で個人・中小企業業務を展開するWFCは、すでにスーパーリージョナルバンクの枠組みを超えている。

USBは個人・中小企業業務ではスーパーリージョナルでありながら、中堅企業以上との取引は全米で行っている。ビジネスモデルでは、WFCとトゥルイスト、PNCの2つのサブカテゴリーの中間に位置する、ユニークな存在といえるだろう。

業績の伸長を支えるブランド戦略

USBの2020年12月期（FY20）決算は、コロナ禍による与信費用の増加で最終利益こそFY19比減益となったが、業務粗利益は増益を確保した（図表5－3）。FY15と比較した伸び率は、業務粗利益が14.9%、業務純益が6.2%で、いずれも増益基調が確保されている。

部門別にみると、FY20は市場部門が赤字となり全体の足を引っ張ったが、個人、中小企業向けなどの対顧部門は増益となっている。デジタル化の恩恵を受けたものと思われるが、FY15と比較すると市場部門を除く全部門が増益だった。

米国全体で人口増加が続いているということもあるが、個人、中小企業部門とウエルスマネジメント部門では当期利益が倍増している。法人部門も、76.6%と高い伸びを示している。なお、FY20の不良債権（NPA：貸出に加え社債などを含む）比率は0.44%でFY19より増加したが、FY15と比較すると低い水準にとどまっている。

対顧部門の当期利益が5年間で著増した理由は、DXだけでは説明できないだろう。DXによるサービス拡大は顧客にとってはメリットがあるが、そもそも顧客が取引先としてUSBを選ばなければ収益は拡大しないからである。ノルウェーのDNBやシンガポールのDBSのように、国内のトップ行で

図表5－3　U.S.バンコープの業績推移

（単位：百万ドル）

	FY15	FY19	FY20	5年間の増減（%）
資金利益	11,224	13,155	12,924	15.1%
役務収益	9,092	9,831	10,401	14.4%
業務粗利益	20,306	22,986	23,325	**14.9%**
経費	10,931	12,785	13,369	22.3%
業務純益	9,375	10,201	9,956	**6.2%**
与信費用	1,132	1,504	3,806	236.2%
当期利益	5,993	8,697	6,150	2.6%
部門別当期利益				
うち法人	884	1,683	1,561	**76.6%**
個人、中小企業	1,354	2,359	2,783	**105.5%**
Wealth Mgmt	257	891	714	**177.8%**
決済サービス	1,160	1,454	1,269	**9.4%**
市場部門他	2,224	527	−1,368	−161.5%
NIM	3.05%	3.06%	2.68%	−0.37%
OHR	53.8%	55.6%	57.3%	3.5%
NPA比率	0.58%	0.28%	0.44%	−0.14%
CET 1 比率	9.6%	9.1%	9.7%	0.1%
従業員数（人）	65,433	69,651	n.a.	―

（出所）　U.S.バンコープ

あれば、他の金融機関との競争プレッシャーは熾烈ではないかもしれない。ただ、個人、法人ともに金融機関の選択肢が多い米国では、チャレンジャーバンクのように非常に革新的なサービスを提供しない限り、顧客の拡大は容易ではない。

　USBは支店をもつ州では有力な他の地銀と、全米では四大行やノンバンク

と競合する。そのなかで顧客の獲得、あるいは既存顧客との取引を増やすための有力な手段は、ブランド戦略だと思われ、その成功が対顧部門における収益の顕著な伸びにつながっていると考える。ブランドを構成するのは企業カルチャーであり、企業カルチャーをつくっているものが従業員エンゲージメントである。

決済サービスはBaaS的

USBのもう一つの特徴に、決済サービスの提供がある。FY20で赤字だった市場部門を除く対顧4部門の収益貢献をみると、法人部門（中堅・大企業）が19％、個人、中小企業部門が43％、ウエルスマネジメントが13％に対して、決済サービスが25％を占める（図表5－4）。決済サービスからの収益はここ5年間ではさほど増加していないが、USB全体に占める割合は高い。

ここでいう決済サービスには、個人顧客向けではクレジットカード、デビットカード、法人顧客向けでは売掛金の回収や送金業務が含まれる。米国ではECモールでの買い物の支払に、いまでも個人小切手を使うことが多いが、USBはバーチャルデビットカードなどの代替手段を提案するほか、モールの出店者に対して代金回収までの小口ローンを提供している。また、大手

図表5－4　部門別税前利益（FY20）

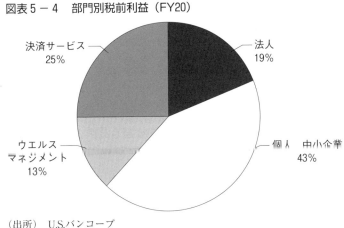

（出所）　U.S.バンコープ

の小売業者や空運会社が発行するクレジットカードの発行支援や、管理業務の代行なども、決済サービス部門に入る。

　決済サービスでの利便性向上は、欧州のチャレンジャーバンクやネオバンクが得意とする分野だが、USBは古くから個人や事業法人に銀行機能を提供していた。APIを軸とする厳密な意味でのBaaS（Banking as a Service）ではないが、決済でBaaS的な業務を米国のみならず欧州でも展開するという、ほかの銀行にない特徴をもっている。

2　最も称賛される倫理的な会社：ブランドを高める企業文化

各種調査、外部団体から高い評価

　2021年2月、企業倫理に関する調査機関であるエシスフェア（Ethisphere Institute）は、世界22カ国の47業種から、最も倫理的な会社（The World's Most Ethical Companies）135社を発表した。日本からは花王とソニーの2社が選ばれたが、銀行ではカナダの大手行BMO、米国オハイオ州を本拠とする地銀Fifth Third Bank、USBなど5行が選定された（図表5－5。他の2行は米国とオーストラリアの中小行）。USBは、これで7年連続の受賞となる。エシカルという言葉は倫理という意味をもつが、企業の場合、環境問題を含む幅広い社会問題への配慮を一言で表す言葉として、市場で定着し始めている。

　同じ2月、経済誌フォーチュンは、世界で最も称賛される会社（Fortune 2021 World's Most Admired Companies）を発表した。称賛の基準にはイノベーション、長期的な投資価値、財務内容、商品・サービスの質、経営陣の質、企業資産の活用、社会からの評価などが含まれる。USBは米国のスーパーリージョナルバンク部門で、11年連続で第1位にランクされた。称賛さ

図表 5 - 5　U.S.バンコープの主な受賞歴

年	賞	調査機関	備考
2021	The World's Most Ethical Companies	Ethisphere	7年連続の受賞
	World's Most Admired Companies	Fortune	スーパーリージョナルバンク部門で11年連続第1位。全体では経営者の質で第8位、企業資産の活用で第3位
2020	US Mobile Banking Competitive Edge Study	Business Insider Intelligence	顧客サービスで第1位、全体で第2位
	best big bank in the states	Newsweek	カリフォルニア州、ミネソタ州など支店を置く26州のうち16州で第1位
	Top 50 Companies in Diversity	Diversity Inc.	
	Best Employers for Diversity	Forbes	Best Employers for Women も受賞
	Merchant Service Satisfaction Study	J.D. Power	サービスコストとセキュリティーで第1位

（出所）　U.S.バンコープ

れる会社には、世界30カ国の52の産業から670の会社が選ばれ、日本からはトヨタ、ANA、ブリヂストン、ホンダ、三井住友フィナンシャルグループなどがランクインしている。USBはさらに、表彰された670社のなかで経営陣の質で第8位、企業資産の有効活用で第3位に選ばれている。銀行の資産はシステムと人材だが、USBはDXの進展と従業員エンゲージメントが評価されたと思われる。

　USBは従業員のダイバシティー（多様化）に関しても、2020年、米国で1,000人以上を雇用する企業を対象にDiversity Inc.が発表するランキングのトップ50社に入っている。加えてフォーブス誌も、USBをダイバシティーに関するベストの雇用者ならびに女性のベスト雇用者と認定している。

　業務面では、Business Insider Intelligenceがモバイルバンキングの競争力

調査で、USBを顧客サービス部門における全米第1位、全部門でも第2位に位置づけたほか、ニューズウィーク誌が行った州単位の大手行調査では、USBがカリフォルニア、イリノイ、ミネソタなど16州でベストバンクとされた。USBは26の州に支店を置くが、そのうち6割以上の州でトップの評価を受けたことになる。同行はエンゲージメントや人事政策でブランドイメージを高め、それが外部評価や業績につながっている。

3 カルチャーとブランドの業績へのリンク

従業員と顧客に対するゴールは似ている

　USBが行内カルチャーを向上させ、それをブランド力の改善に結びつける流れを、2019年のIR Dayにおける「ブランド&カルチャー」のプレゼン資料でみていこう。

　まず、驚かされるのは図表5－6が示すように従業員、顧客、地域コミュニティ、株主という4つのステークホルダーのうち、従業員がスライドの最初に位置づけられていることだろう。2019年のビジネスラウンドテーブルによる提言の後でも、米企業では株主が最も重要とみるのが一般的だ。日本ではアニュアルレポートをみる限り、事業法人であれ、金融法人であれ、顧客を最も上位に置く傾向がある。そのなかでUSBのアプローチは、ブランド力を高めるという意味があるにせよ、異彩を放つ。

　従業員にとって重要なものは経験、目的、報酬とエンゲージメントである。ギャラップ社の調査によると、米国ではミレニアル世代のうち92％が「環境問題など社会の課題解決に尽くす会社で働くことが重要」と考えている。そうであれば、ミレニアル世代が社会の中枢を占める今後は、銀行が従業員とともに社会問題の解決に取り組むことで、顧客や地域コミュニティ、

図表 5 − 6　ブランドがステークホルダーに与える影響

[**各グループでのストーリーの実現**]

従業員
経験、目的、報酬と
エンゲージメント

顧客
エシックス、経験、
商品、サービス
リレーション

地域コミュニティ
投資、パートナーシップ、
スポンサーシップ

株主
継続的な結果
業界内でのベスト還元

（出所）　U.S.バンコープ

株主の期待に報いることができる。

　具体的な施策には、顧客の金融包摂、従業員のダイバシティーの推進、環境問題に対応した商品やサービスの開発などがある。そうした取組みがブランド力を向上させ、新規顧客の獲得や既存顧客との取引拡大につながる。事実、USBのブランドイメージは年々、高まっている（外部調査機関の

Reputation Instituteの調査による）。

　それでは、従業員のエンゲージメントがブランド力の向上を通してどう業績に結びつくのか、そのサイクルを図表5−7でみていこう。従業員の経験が、エンゲージメントの意識を高める。それが、顧客にとってもよりよい体験につながる。顧客の満足度が高まれば、顧客の維持、拡大による成長がもたらされる。USBの資料に具体的な例示はないが、この流れについて筆者なりに、日本での個人顧客向けモバイル（スマホ）アプリで考えてみたい。

　預金口座の開設から振り込み、投資までまず行員自身がヘビーユーザーとなって、改善点を本部に提案する。たとえば、口座開設時の運転免許証のスマホカメラによる読み取りが高齢者にはむずかしい、送金時のパスワードの二次認証手続がわかりづらいといった点である。アプリがもっと使いやすいものになれば、行員は顧客に自信をもって勧めることができる。また、顧客からのフィードバックを新たな改善に反映することもできる。顧客がアプリの使い勝手の良さなどを友人などに伝えることで、新たな顧客を呼び込むこ

図表5−7　従業員から顧客へのバリューサイクル

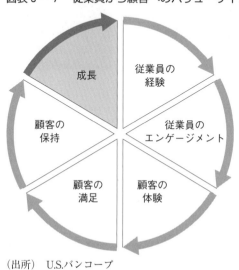

（出所）　U.S.バンコープ

図表 5 − 8　従業員と顧客に対するゴールは類似

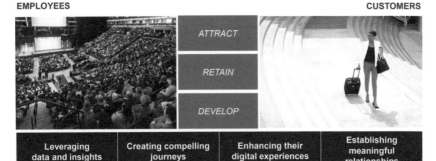

（出所）　U.S.バンコープ

とができる。

　結果として、USBにとって従業員と顧客のゴールは非常に似通ったものになる（図表5 − 8）。従業員にとっても顧客にとっても、重要なものはどう引き付け（attract）、保持し（retain）、発展させる（develop）かにある。スマホアプリの例では、従業員が顧客として忌憚のない提案をすることが、顧客の利便性向上につながるというサイクルが生まれる。

　ここで重要な点は、従業員の自発的な改善提案である。エンゲージメントなくして、提案は出てこない。では、どうすればエンゲージメントを高めることができるのだろう。

　（参考：図表5 − 8の左側にある写真は、地域別に開催される全行員集会のものと思われる。プロバスケットボールが盛んな米国では、数万人を収容できる施設が主要都市にある。そうした場所を借り切った集会は、従業員の銀行に対する帰属意識、参加意識を高める効果があるだろう。日本では、コロナ禍のもとではむずかしいが、アフターコロナではスポーツ選手やタレントなど地元出身の有名人を招いた集会を開催するというアイデアもおもしろい）

エンゲージメントを高める8つの方法

　USBがホームページ上に公開している、従業員エンゲージメントを高める

8つの方法は以下のとおりである（2018年9月時点）。

① 一人ひとりの役割職務の明確化……ジョブ型採用の基礎となるJob Descriptionを邦銀の人事制度に即した言葉に意訳すると、役割職務となるだろう。銀行の職務は細分化しており、一つの基準を多くの従業員に当てはめるのは適切ではない。従業員一人ひとりにその興味・関心に合致する職務を与えることは、エンゲージメントを高める最もシンプルな手段である。たとえば、従業員が職務上、後輩を指導することに興味をもっていれば四半期に1回、通常業務に加え後輩を指導するための時間を与え、適性を見極めることが考えられる。

② わかりやすいキャリアパスの明示……従業員に対する研修もさることながら、現在の職務を継続した場合、次に何が期待されているか、どのような役割が待っているかを明らかにする必要がある。会計士事務所のデロイトの調査によると、従業員は次の業務は現在の業務からかけ離れたものでなく、近いものを選好する。次の役割職務を理解すれば、従業員は自発的な努力や経験を厭わない。

③ すべての年齢層の従業員にフォーカス……年齢の高い従業員に対しては、新しいキャリアへの挑戦を慫慂する。これはスキルやモーチベーションの高い従業員のためだけではなく、若い従業員に5年後のキャリア選択の幅を広げるというイメージをもたせる効果がある。

④ 言行一致（表彰）……成績が優秀な従業員に対しては、報酬やボーナスを高めることはもちろん、社内で表彰することも重要だ。経営陣が銀行全体のビジョンを従業員と共有することが欠かせないが、そのビジョンの達成に向け動いているのが成績優秀者であり、表彰は本人だけでなく他の従業員のエンゲージメントも高める。

⑤ 地域コミュニティに奉仕する……地域コミュニティに対してどの程度役に立っているかは、銀行の存在意義に通じる。従業員も自分の仕事に地域への貢献の意義を感じればエンゲージメントは向上する。通常の業務を超えた慈善事業への参加なども、銀行への帰属意識を高める。

⑥　チームワークを育む……チームワークは、従業員が自分の仕事に熱中することを助ける。人事部がサポートする非公式な飲み会（ハッピーアワー）などは、友情を育むことに貢献する。

⑦　従業員を銀行のループ中に保つ……従業員は往々にしてAIの進展で、自分が失職するのではないかとのおそれを抱いている。一人ひとりのやる気を保つための、あるいは組織にフィットさせるための研修には効果がある。

⑧　従業員のUXを考える……ユーザーエクスペリエンス（UX）は顧客のためだけではなく、従業員に対しても考える必要がある。ただ、従業員が多くの社内システムに入り、共同作業（コラボレーション）プラットフォームに参加することは業務を複雑化させ、必ずしも生産性を高めない。

　８つの方法は、すべて納得性が高く邦銀でも参考になると考える。メンバーシップ型（総合職）人事体系の邦銀にとっても、役割職務の明確化は欠かせない。今後、IT部門や市場部門でジョブ型採用が本格化すると思われるが、その場合、キャリアパスの明示は採用者のモーチベーションやレベルアップといった「質」にかかわる重要な課題になる。比較的年齢の高い行員に対する新職務へのチャレンジ制度を創設することは簡単ではないが、組織の活性化につながるだろう。表彰制度を単なる成績優秀者向けではなく、中計ビジョンとの関連で運用することは、全行員のエンゲージメントにつながると思われる。

　興味深いのは、非公式な飲み会を推奨していることである。日本と同じとみることもできるが、ハッピーアワーは支店あるいは部署の全員が参加する簡単なビアパーティー（懇親会）というイメージで、上司が訓示をしたり、仲間内での不平不満を吐露する場ではない。

チーフ・ダイバシティー・オフィサーを設置

　2020年末現在、USBの経営会議メンバーはセセレCEO（会長兼社長）を含め14人。取締役会は、セセレCEOのほか社外取締役13人の合計14人で構成

されている。経営会議メンバーのうち３人が、取締役会は６人が女性である（リード取締役も女性が務める）。どちらの会議も、邦銀からみると人数が多いように思えるが、７万人弱の従業員を擁する組織として特に違和感はない。経営会議にはCEOのほか、５人の上席副社長と８人の副会長が参加している。上席副社長と副会長はそれぞれCxO（チーフ〇〇オフィサー）の肩書をもち、部門を統括している。

　注目されるのは、CEOに次ぐ序列第２位のバルセロス上級副社長がCHRO（チーフ・ヒューマン・リソース・オフィサー）、第４位のカニングハム上級副社長がチーフ・ダイバシティー・オフィサーを拝命していることだろう。邦銀でも、CFO（チーフ・フィナンシャル・オフィサー）やCDO（チーフ・デジタル・オフィサー）は増えてきたが、CHROはまだ少ない。ダイバシティーに関しては、重要性は認識しているもののチーフ・オフィサーを置く例はないと思われる。

　日本ではダイバシティーというと女性の役員登用などに目が行きがちだが、米国では女性に加え、人種やLGBTなどへの配慮が必要となる。カニングハム氏は黒人だが、コロナ禍で黒人が経営する中小企業への貸出を増やしたことなどで、ミネアポリスの経済誌であるTwin Cities Business Magazineから、2020年のビジネスリーダー３人のうちの１人に選ばれた。同氏は、受賞は個人ではなくUSB全体の努力の結果だとして、早期にダイバシティー・オフィサーが不要となる環境づくりに尽力すると述べている。従業員と顧客のゴールが類似したものになるというUSBのポリシーは、経営幹部の間にもしっかり根づいていることを示す例であろう。

エンゲージメントを考える：
従業員満足度とはまったく別の概念

業績向上と離職者削減を同時達成

　従業員エンゲージメントは日本では比較的新しい概念で、従業員満足度と混同されることが多い。繰り返しになるが、エンゲージメントとは従業員の会社への思い入れや帰属意識を指し、経営方針に共感し、業績に対して自主的に貢献しようとする意志を示す。いくつかの学術論文は、「個人が仕事を通じて組織との関係性や絆を深めることで、信頼し、成長しながら貢献していくことを示す概念」と定義している。

　これに対して従業員満足度とは勤務時間や勤務形態と、報酬の額や福利厚生施策を比較した場合の満足度を指す。エンゲージメントが、従業員のやりがいに基づく能動的なアクションであるのに対して、従業員満足度は与えられた環境をどうみるかといった、受け身の考え方である。

　USBのエンゲージメントを高める8つの方法にみられるように、エンゲージメントはもともとジョブ型の人事制度を前提としている。これに対して、従業員満足度は日本型のメンバーシップ型（総合職）人事体系を前提にしている。したがって、日本企業の経営者には理解が容易でないように思える。そうした壁があるなかで、エンゲージメントが注目されるのは、エンゲージメントの高い企業が同業他社より良い業績をあげ、離職率が低い傾向があるためだ。

専門性を磨く必要のない邦銀の総合職人事体系

　図表5－9は、2017年にギャラップ社が世界の会社員1,300万人に対して実施した、エンゲージメント・アンケートの国別の結果である（日本では調査に45万人が参加した）。図表5－9では便宜上、engagedを熱意溢れる、not

図表 5 - 9　国別エンゲージメント指数（2017年、ギャラップ社調査）

国名	Engaged 熱意溢れる（%）	Not Engaged 熱意がない（%）	Actively Disengaged 不満をまき散らす（%）
世界平均	15	67	18
米国	33	51	16
ブラジル	29	58	13
英国	11	68	21
ドイツ	15	70	15
ノルウェー	17	75	8
オーストラリア	14	71	16
シンガポール	23	69	12
中国	6	75	19
日本	6	71	23

（出所）　State of the Global Workplace 2017, Gallup Press

engagedを熱意がない、actively disengagedは不満をまき散らすと訳したが、紹介するメディアによっては順に、やる気に満ちた、やる気がない、全体の足を引っ張るといった日本語を使っている。

　日本の順位は調査対象となった139カ国中、第132位と最低クラスになっている。中国が日本と似た傾向となったが、不満をまき散らす従業員の割合は日本より低い。他方、本書で論じたノルウェーやシンガポールは、比較的高い計数となっている。

　ギャラップ社の質問内容はUSBの8つの方法に似た12項目で、役割職務の理解、職場で得意とする業務に従事している、会社の使命や目的が自分の仕事に重要だと感じさせてくれる、職場で自分の意見が尊重されている、この6カ月のうちに職場のだれかが自分の進歩について話してくれた、などが含まれる。

　日本でのジョブ型人事制度への誤解の一つに、ジョブ型は定型的な仕事を

継続するというものがある。しかし、事務処理であってもITの発達で、仕事の仕方を変える必要がある。従業員にとっては、同じ会社でのキャリアアップ、あるいは現在より良い待遇で転職するためには、日々の成長が必要である。それが仕事に対する熱意につながる。

　一方、年功序列、終身雇用を原則とする日本のメンバーシップ型人事制度では、従業員が自分の専門性を磨き、ヘッドハンティングを待つ必要はない。成長のために切磋琢磨するより、「大過なく」過ごすほうが理にかなっている。そうした風土のなかでは、自分の意見を述べず上司に忖度することが普通となる。成績が悪くてもよほどのことがない限り解雇されない環境のなかでは、言葉は悪いが、働かないおじさんやお局様が生まれる。

自分の銀行に誇りと愛着があるか

　エンゲージメントが従業員に行き渡ると、自分の勤務先への愛着が「誇り」になる。カナダの大手行であるRBC（Royal Bank of Canada）は、そのIR用プレゼン資料のなかで「94％の従業員がRBCの一員であることに誇りをもっている」と述べている。USBでも、外部調査で「90％の従業員が誇りをもち、勤務先として友人にも勧められる」という結果が出ている。

　一方で2021年2月、第二地方銀行の労働組合で組織する全国銀行員組合連合会議（20単組、1万6,800人）は、全組合員を対象としたアンケートの分析結果を公表した。そのなかで、20〜30歳の4割が「勤務する銀行に対して誇りも愛着も感じない」と回答している。一般に年齢層の高い行員の間では「定年まで働きたい」との回答が増えるものの、若年層では「環境面で良いところがあれば転職したい」と考えている傾向がある。

　日本企業の全体的傾向としてエンゲージメント指数が低いことと、地域金融機関を取り巻く環境の厳しさがこのアンケート結果につながったとみていいだろう。経営陣が、行員に誇りや愛着をもたせるような努力を積極的に行う必要性が浮き彫りになったといえる。

5 邦銀がエンゲージメントを高める具体策

複線的人事制度の導入を

　個人・中小企業取引を中心に置く地銀の標準的なキャリアパスは、総合職として入行し、支店や本部でさまざまな業務を経験しながら役職が上がっていくというものである。かつて支店長は一国一城の主とされ、それなりの権限もあった。業績の良い支店長は、本部の部長などを経て執行役員、役員の階段を駆け上がることになる。

　人事のピラミッド構成によって役員選抜が行われるが、役員にはさまざまな部門での幅広い経験が求められる。邦銀で女性役員が少ないのは、この幅広い経験という必要条件がネックになっている、というのが筆者の見方である。しかし環境変化の激しい現在、銀行に必須な人材は、ITや市場部門、投資銀行業務などの専門家だろう。

　たしかに、経営トップ層には幅広い業務の理解が必要だ。銀行経営のうえで、総合職のメリットはここにある。しかし、総合職はITや市場部門の専門家にはなれない。どうしても、プロ人材が必要である。プロ人材の育成には、外部から専門家を市場価格で招くとともに、適性のある行員を早い段階からOJTで育成していくのが現実的だろう。問題は、OJTを受ける行員が、人事ピラミッドから外れることにある。プロになるのであれば、招請した外部人材を参考にした報酬体系の導入が必要になる。総合職から、「専門職」への転換である。

　日本にある外資系金融機関では、トレーダーやインベストメント・バンカーなど支社長より報酬の高いプロがいるのが普通だ。邦銀でもメガバンクの海外現法トップの報酬が、本体の社長、頭取を上回ることが多い。さらに、海外現法の経営陣が本体の役員になることも珍しくない。

地銀では、永年慣れ親しんだ総合職制度を一気に変えるのはむずかしい。ただ、外部からの招請人材を含め専門職制度を新たに導入し、希望する行員については本人の希望と資質の見極めを前提に、専門職への転換を推進し十分な教育をすべきと考える。その際、メガバンクの海外現法経営陣のように、専門職の執行役員、取締役への登用に関するキャリアパスを明確に示す必要があるだろう。これにより、専門職のエンゲージメントが飛躍的に高まる。各行とも、総合職と専門職の複線的人事制度の本格導入を検討すべき段階にきている。

行員による経営方針の理解と共感

　エンゲージメントの要素としてもう一つ重要なものに、行員による経営方針の理解がある。理解が「共感」に進めば、仕事のやりがいに通じる。そもそも銀行員の仕事のやりがいは、自分の仕事が個人・法人顧客のためになり、それが地域コミュニティ全体への貢献につながるという実感だろう。しかし実際は、日々の業務のなかで目標達成に追われているのが実情だ。

　経営方針の理解には、経営トップと部長、支店長、行員との直接対話が欠かせない。ウエブ会議の形式をとれば、支店に出向かなくても多くのスタッフとの会話が可能になる。経営陣が率直に語りかけると同時に、行員からの質問や意見はノーネームベースやチャットにするなどの工夫が必要だろう。コストがややかかるが、DBSのSparksのような取引事例をもとにした動画を作成すれば、共感が高まることも考えられる。ポストコロナでは、USBのような全行集会が行員の一体感を高めることにつながるはずである。

　理想的には、中期経営計画作成時に全行員向けにアンケートをとるとともに、基本的なコンセプトに関して、問題意識の高い行員を集めた自由なディスカッションの場を設けることが考えられる。いずれにせよ、行員のエンゲージメント指数が低い位置からのスタートであり、小さな施策であっても効果が高いと考える。

第 6 章

SHB
─支店網拡大の意義─

1 スウェーデン四大行の一つ

「世界で最も安全な銀行」

　2020年10月、国際的な金融専門誌であるグローバル・ファイナンスは、「世界で最も安全な商業銀行トップ50」の2020年版を発表した（図表6－1）。資産規模で第500位までの銀行を対象に、S&P、ムーディーズ、フィッチの長期債格付（銀行単体）をもとに選定したもので、第1位には7つの銀行が並んだ（表の順番は資産規模による）。従業員が92％が「働くことに誇り

図表6－1　「世界で最も安全な商業銀行」（2020年）

順位	銀行名	略称	国
1	ロイヤル・バンク・オブ・カナダ	RBC	カナダ
1	トロント・ドミニオン銀行	TD	カナダ
1	DZ　銀行	DZ	ドイツ
1	DBS	DBS	シンガポール
1	オーバーシーズ・チャイニーズ（華僑）銀行	OCBC	シンガポール
1	スベンスカ・ハンデルス・バンケン	SHB	スウェーデン
1	ユナイテッド・オーバーシーズ（大華）銀行	UOB	シンガポール
8	Deutsche Apotheker- und Aerztebank	―	ドイツ
9	DNB	DNB	ノルウェー
10	バンク・ピクテ	Pictet	スイス
20	UBS	UBS	スイス
31	BNPパリバ	BNPP	フランス
33	U.S.バンコープ	USB	米国

（出所）　the World's Safest Commercial Banks in 2020, Global Finance

を持つ」と回答しているカナダのRBCや、第3章で論じたDBSなどシンガポールの三大行と並んで、スウェーデンのスベンスカ・ハンデルスバンケン（Svenska Handelsbanken、SHB）がリストアップされている。

ちなみに、第2章で取り上げたノルウェーのDNBは第9位、第5章で述べたU.S.バンコープは第33位にランクインしている。残念ながら、邦銀は日本のソブリン格付が財政赤字の関係で高くないこともあり、トップ50に入っていない。米国の四大行も、ランク外である（第8位のDeutsche Apotheker-und Aerztebankは、ドイツにある医師や薬剤師を対象とした専門銀行）。

SHBはスウェーデンの四大行の一つで、創業は1871年。ストックホルム証券取引所で、最古参の上場企業である。2020年末の総資産は3.1兆スウェーデンクローナ（SEK＝12.7円として39.8兆円）、当期利益は1,976億円、時価総額は2.1兆円。CET 1 比率は20.3％と総資産が40兆円規模の銀行としては非常に高く、長期債格付はムーディーズからAa2、S&PからAA－を取得している。

スウェーデンの銀行は、国内個人預金シェアの順でスウェッドバンク、SHB、ノルディア、スカンジナビスカ・エンスキルダバンケン（SEB）が四

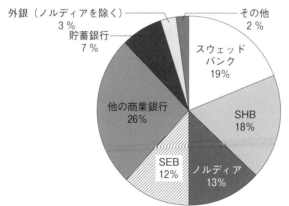

図表6－2　スウェーデンの銀行別個人預金シェア（国内、2019年）

外銀（ノルディアを除く）
3％
貯蓄銀行
7％
他の商業銀行
26％
SEB
12％
ノルディア
13％
SHB
18％
スウェッドバンク
19％
その他
2％

（出所）　スウェーデン銀行協会（Statistics Sweden）

図表6－3　スウェーデン四大行の比較（2019年末）

（単位：人、10億スウェーデンクローナ）

	従業員		貸出（注）	総資産
	合計	うちスウェーデン		
ノルディア	29,300	6,712	3,375	5,802
SHB	12,548	7,394	2,293	3,070
SEB	15,691	8,013	1,838	2,857
スウェッドバンク	16,433	8,595	1,652	2,408

（注）　ノルディアの貸出額はスウェーデン以外の国を含む。
（出所）　スウェーデン銀行協会（各行のアニュアルレポートより）

大行と呼ばれる（図表6－2）。一方、貸出額ではノルディア、SHB、SEB、スウェッドバンクの順となる（図表6－3）。このうちノルディアは2018年、本社をフィンランドに移したが業務の大半はスウェーデンで展開している。

　従業員数をみると、四行ともスウェーデン国内は7,000人から8,000人前後で並んでいる。従業員数で気づくのは、各行の国外人員比率が高いことだろう。

　隣国ノルウェーのDNBが国内で圧倒的なシェアをもっているのに対して、スウェーデンでは四大行が凌ぎを削っている。同国の面積は45万㎢で日本の1.2倍だが、人口は1,022万人（2018年末）で東京都（1,396万人、2020年末）より少ない。限られたマーケットに有力な四大行があるため、成長のためには本国以外の市場に進出する必要がある。これは、シンガポールの三大行が近隣諸国を戦略市場としている状況に似ている。ノルディック四カ国はスウェーデン、ノルウェー、フィンランドのスカンジナビア三国に、デンマークを加えたものだが、各国の歴史、文化、社会に共通点が多い。スウェーデンの四大行の国外人員比率が高いのも、そのためであろう。

6つのホームマーケット

　SHBはスウェーデンに加え、英国、ノルウェー、デンマーク、フィンラン

図表6－4　SHBのホームマーケット

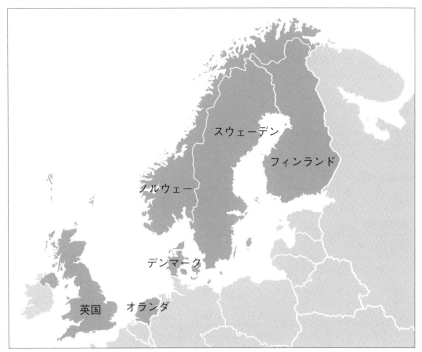

スウェーデン

フィンランド

ノルウェー

デンマーク

英国　オランダ

（出所）　SHB

ドとオランダの6カ国を、リテール業務も展開するホームマーケットと位置
づけている（図表6－4）。このうち、英国とオランダはノルディック4カ国
ではない。両国とも地場の四大銀行（英国はHSBC、バークレイズ、ロイズ、
ナットウエスト／オランダはING、ラボバンク、ABNアムロ、フォルクス）に
よる寡占的市場となっており、新規の金融機関にとっては参入障壁が高い。
SHBは後述する「分散型経営」を行うことで、そうした市場でも受け入れら
れると判断したと思われる。

　SHBの業績をみると、コロナ禍に見舞われた2020年12月期（FY20）は業
務純益（業純）、当期利益とも前年比で減益となったが、10年前のFY10と比
較すると業純は23.7%、当期利益は41.1%の増益となっている（図表6－

5）。FY10から10年間の業純の伸び率を国別にみると、本国のスウェーデン
が55.6％となっているのに対して英国は5倍以上となった。

図表6－5　SHBの業績推移

（単位：百万スウェーデンクローナ）

	2010年	2019年	2020年	10年間の増減（％）
資金利益	21,337	32,135	31,606	48.1
役務収益	8,022	10,697	10,786	34.5
その他	1,937	1,732	1,856	－4.2
業務粗利益	31,296	44,564	44,248	41.4
経費	15,018	21,743	23,334	55.4
業務純益	16,278	22,821	20,135	23.7
国別業務純益				
スウェーデン	10,467	15,558	16,286	55.6
英国	411	2,679	2,216	439.2
ノルウエー	1,956	2,914	2,452	25.4
デンマーク	559	988	925	65.5
フィンランド	625	1,053	827	32.3
オランダ	－	303	320	－
市場部門他	1,619	－674	－2,112	－
与信費用	1,507	1,045	781	－48.2
当期利益	11,025	16,925	15,558	41.1
OHR	48.0	48.8	52.7	4.7
Stage 3 比率 (注1)	0.23	0.39	0.31	0.08
CET 1 比率 (注2)	16.5	18.5	20.3	3.8
従業員数（人）	10,850	12,548	12,563	15.8

（注）　1．Stage 3 比率はIFRS9で要減損対象資産の比率。2015年の計数はImpaired Loan
　　　　比率。
　　　　2．2015年のCET 1 比率は、バーゼル2基準のティア1比率。
（出所）　SHB

スウェーデンでは2015年2月、政策金利がマイナスとなったが、住宅ローンなど家計債務がふくらむと同時に不動産価格も上昇した。このため、中央銀行のリクスバンクは2020年1月にマイナス金利を解除した。マイナス金利の期間中、スウェーデンでは日本のような貸出金利の引下競争が起こらず、銀行間の消耗戦が回避された。これは、預貸率がおおむね160〜170％で推移し、銀行に余剰預金が発生していなかったためとみられる。

　業純の国別貢献度に話を戻すと、絶対値では隣国ノルウェーが英国を凌ぐが、伸び率はさほどではない。これは、DNBという強力なライバルの存在が競争条件に影響を与えているためと考える。デンマーク、フィンランドの業純への貢献額はノルウェー、英国の半分弱で、オランダでの業容は他国比小さい。10年間の業純の伸びのうち半分弱を英国が占めており、SHBにとって英国が重要な市場であることがわかる。

　SHBの業績をみるうえでのもう一つのポイントは、与信費用だろう。コロナ禍で、FY20の与信費用は世界中の銀行でFY19比大きく増加したが、SHBは減少している。欧州におけるフォワードルッキング引当制度（IFRS 9）では、債権を将来の劣化可能性でStage 1 からStage 3 の3つに分類するが、期中での減損対象となるStage 3 債権の比率は0.31％と低い。Stage 3 債権と予防的引当が必要なStage 2 債権の合計も、3％前後と高くない。会計制度が違うので一概に比較はできないが、邦銀では開示不良債権にその他要注意先債権を加えた比率は、2020年3月期で5.9％となっている。

2　分散型経営：高い顧客満足度をもたらす仕組み

目指すは競合他行比高い収益性

SHBが毎年のアニュアルレポートで述べている企業としてのゴールは、

「ホームマーケットで競合他行比高い収益性を持つこと」にある。収益性の基準にはROEが用いられているが、その他のKPIには①顧客満足度、②OHR、③資産の質（与信費用）を掲げている。いずれも具体的な数値ではなく、他行平均との比較で優位に立つことが目標とされている。ROEの比較対象はノルディック４カ国の大手行、顧客満足度（第三者機関調べ）は、各国の銀行の平均が使われている。

2020年のアニュアルレポートによれば、ROEは1973年から2020年までのすべての年で他行平均を上回るか、悪い年でも同水準となっている。この傾向は、与信費用でも同じである。OHRは2020年こそ平均をやや上回ったものの、それ以前では平均より低い。

顧客満足度は個人、法人別に公表されている。2020年の調査をみると、個

図表6－6　顧客満足度（個人）

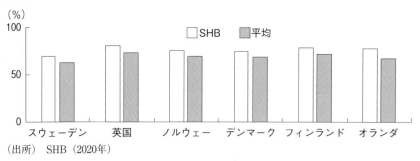

（出所）　SHB（2020年）

図表6－7　顧客満足度（法人）

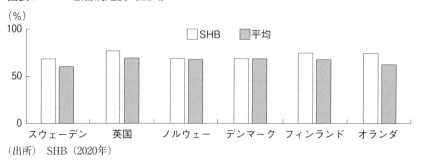

（出所）　SHB（2020年）

人では6つのホームマーケットのすべてで平均を上回った。ちなみに、ス
ウェーデンでは平均スコアである63.5に対してSHBは70、英国では平均の74
に対して80をマークしている（図表6−6）。法人部門では、デンマークが平
均と同じ69、ノルウェーが平均68を1ポイントだけ上回る69であったが、他
の4カ国では平均に対して7から12ポイントの差をつけている（図表6−7）。

「支店こそが銀行である」

　SHBの経営理念である「支店こそが銀行である」（Branch is the bank）は、
1970年にCEOに就任したジャン・ワランダー氏によって提唱された。1960
年代の経営不振から脱却するため、規模の小さな銀行のCEOからSHBの
CEOに招請されたワランダー氏は、支店は地域コミュニティーを熟知して
おり、顧客のニーズにあった商品の提供や与信判断ができると考えた。

　同氏は1978年、支店への収益目標や各種商品のセールス目標を廃止し、か
わりに地域の競合他行の平均より高い収益性を確保することを求めた。収益
性は経済・金融環境で変わることから絶対値の目標とせず、他行比とした。
指標のROEは事後的にわかるものなので、日々の支店の業務管理にはOHR
が用いられる。支店長は、SHBの他の支店の計数を知ることができる。

　ワランダー氏はまた、従業員に対する年次業績に応じたボーナスを、長期
的なプロフィット・シェアリング方式に変更した。これは、ボーナスのため
に顧客のニーズにあわない商品を売ることを戒めたもので、従業員の意識を
長期的な顧客志向に変える効果があった。

　プロフィット・シェアリングは、ある年のROEが全社的に他行平均を超
えた時に、SHBが退職年金基金に拠出を行うという仕組みである。退職金の
支給は従業員が定年を迎えた時に行われるため、退職率は相対的に低い。基
金の運用は主にSHB株で行われており、経営陣だけでなく全従業員が自行の
株価を意識するような設計となっている。

　2020年末現在、同行の退職年金基金であるオクトネゴンは、10.3％の議決
権をもつ筆頭株主となっている。「支店こそが銀行である」というコンセプ

トは現在、「ローカル・リレーションシップ・バンキング」とも呼ばれている。

3 権限移譲の本質は 従業員エンゲージメント

地銀の集合体

欧米の銀行のホームページで支店長公募のページをみると、主な役割職務は店頭事務と人事管理となっており、与信判断という項目はほとんどない。支店の役割は、負債サイド、すなわち預金関連業務が主であり、これに資産運用の相談窓口業務が加わる。

貸出に関しては支店にローン・オフィサーが配置されるものの、支店長権限はなく案件は本部の審査セクションに送付されることが一般的である。支店とは別のローンセンターで受け付ける場合でも、案件が本部に送付されることに変わりはない。これに対してSHBは顧客に対して、「支店に行けば、あなたをよく知る貸出権限者に会える」ことをセールスポイントとしている。

SHBの組織は、支店、地域本部、ストックホルム本社の三層構造になっている。支店長には与信判断だけでなく、支店で取り扱う業務、販売する商品や人員配置を任せ、ROEの責任をもたせる。各国に地銀を設置、その本店に当たる「地域本部」は、商品開発や専門的なサービスの提供を行う。ストックホルム本社は、与信基準の作成や各種のリスク管理、ガバナンスに責任をもつ。

2020年末の従業員数は合計1万2,563人、支店数は782となっており、単純計算で支店の平均人員を10人とすると、支店独自の商品、サービスの提供には地域本部のサポートが必須と考えられる。実際、SHBは傘下に13行の地銀

をもっており（スウェーデンと英国に5行ずつ、ノルウェー、デンマーク、フィンランドに1行ずつ）、名目的にも実質的にも、地銀の集合体と呼ぶことができる。

貸出案件の57%は支店長、98%は地域本部までで決裁

　支店の自主性を尊重するのがSHBの経営理念だが、リスク管理上、支店長に青天井の与信権限があるわけではない。2020年のアニュアルレポートによれば、支店長は本社の与信基準に従って案件の可否を判断する。ただ、無担保で借主1人当り（1社当り）500万SEK（6,350万円）、不動産関連融資など有担保では1,200万SEK（1億5,200万円）を超える与信判断は、地域本部に委ねられる。金額の明示はないが、さらに大口の与信はストックホルム本社が扱う。同年では案件の57%、金額ベースで8%を支店長が決裁し、地域本部は案件の41%、金額の36%、ストックホルム本社は案件の2%、金額では56%を扱った。大企業への大口案件だけが、本社で決裁される仕組みである（図表6−8）。

　金額ベースではさほどではないが、件数ベースで案件の57%の与信判断が支店でなされたことの意義は大きい。支店に加え、地域本部までで完結した案件は件数ベースで98%に達する。これは個人、中小企業を中心とする顧客

図表6−8　SHBにおける審査の三層構造

借入申込み ⇒	支店		⇒	地域本部		⇒	本社（ストックホルム）	
	融資担当者	支店長		審査部	クレジットコミッティー 地域本部取締役会		グループ審査部	クレジットコミッティー 取締役会
貸出全体に占める割合（件数）	57%			41%			2%	
同（金額）	8%			36%			56%	

（出所）　SHB

からの支店と地域本部に対する信頼感醸成につながっている。

　支店長にとっても、多くの案件で自分の与信判断が最終判断になることは、責任感と経営への参加意識を高める。これは、程度の差こそあれ、地域本部のスタッフにとっても同様だろう。SHBの分権化経営、権限移譲は50年以上前に始まったが、最近の「従業員エンゲージメント」を先取りしたもの、と考えることができる。

4 英国における成功の背景：
寡占市場での斬新なアプローチ

業績は右肩上がりで推移

　ここで、SHBの業純増加の推進力となった英国の事業について詳しくみていきたい。SHBがホームマーケットとする６カ国について、支店数と業純の記録がある2005年からの計数をみると、全体の支店数は547から2014年までに831に増加した。その後は減少に転じ、2020年末で724となっている（図表６−９）。

　2005年から2020年まで15年間の支店増加率は32.4％だが、業純は+97.3％とほぼ倍増となった。この間の業純増加率はスウェーデンで59.1％だが、英国、ノルウェー、デンマークの３カ国ではスウェーデンを上回る成長がみられた。

　英国への進出は2000年であるが、支店数は2005年の20から2017年には208まで急増した。コロナ禍もあり2020年末では支店数は微減の204、業純もやや減少した。ただ業純の伸びは、FY05からFY15で14.4倍という高い実績を残した。

　本国スウェーデンやノルウェー、デンマークでは2008年から2020年のレンジでは支店数が減少している。それにもかかわらず、業純が増益となってい

図表6－9　SHBホームマーケットの国別支店数と業務純益

		合計	スウェーデン	英国	ノルウェー	デンマーク	フィンランド	オランダ
支店数 （カ店）	FY05	547	455	20	37	35	—	
	FY08	664	461	56	48	54	45	—
	FY11	737	461	104	50	54	45	23
	FY14	831	478	179	51	57	46	20
	FY17	807	420	208	49	57	45	28
	FY20	724	376	204	45	43	27	29
業務純益 （百万 SEK）	FY05	11,670	10,238	154	855	423	—	
	FY08	13,492	10,778	52	1,680	343	639	—
	FY11	16,662	12,799	781	1,597	559	625	301
	FY14	18,813	12,637	1,816	2,026	1,075	1,167	92
	FY17	21,421	13,948	2,356	2,949	1,081	837	250
	FY20	23,026	16,286	2,216	2,452	925	827	320
増加率 （FY05～FY20）		97.3%	59.1%	1339.0%	186.8%	118.7%	—	—

（出所）　SHB, annual reports（各年）

るのは、DXなどで顧客の維持、拡大に努めたためと思われる。

不動産関連融資のノウハウを蓄積

SHBの英国での事業概要は以下のとおりである。FY20末現在の総資産は円換算で5.6兆円、貸出は2.8兆円でうち個人向けが32％、法人向けが68％。預金は2.2兆円、うち個人からが29％、法人からが71％。英国でのSHBは主に個人、中小企業を顧客とするリテールバンクといえよう。総資産サイズでは、日本の準大手から中堅の地銀に相当する。

傘下には、以下の5つの地銀を擁する。ハンデルスバンケン北西UK（ス

コットランドなど支店数32）、同北部UK（イングランド北部など支店数34、出張所１）、同中央UK（40）、同南西UK（46）、同南部UK（52うちロンドン市内17、出張所２）。全体の従業員は2,464人、ROE（管理会計）は8.9％。OHRは65.8％と相対的に高いが、貸出に対する与信費用比率は0.04％とコロナ禍では非常に低い水準で推移している。

　貸出ポートフォリオは、不動産関連が58％、住宅ローンが29％、小売りにホテルやレストランなどを加えたサービス業へ３％、製造業・建設業に２％、消費者ローンが１％などとなっている（図表６－10）。不動産関連融資にはプロパティ・マネジメントという言葉が使われており、賃貸や建売など中小の不動産業者向けの貸出が多いと思われる。

　不動産関連融資の割合はスウェーデンでは18％と低いものの、ノルウェーでは44％、オランダでは68％を占める。FY20における全体の与信費用の低さをみる限り、SHBは欧州での不動産関連融資に関するノウハウを蓄積していると思われる。

図表６－10　SHBの英国での貸出状況

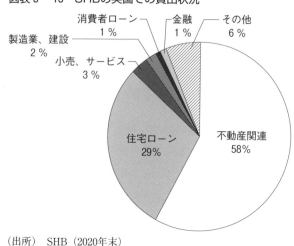

（出所）　SHB（2020年末）

イングランド銀行総裁の手紙が物語る顧客志向の徹底

　2016年、英国のCMA（公正取引委員会）は、個人・中小企業市場における銀行の寡占に関する調査レポートを発表した（Making banks work harder for customers）。そこでは、「国内預金で四大行が高いシェアをもっているため[1]、各行は十分な努力なしに顧客を維持できる。革新的なサービスを提供するデジタルバンクが期待されるものの、四大行の預金調達コストの低さや投資銀行業務など業務の幅広さが参入障壁となっている。四大行に相互依存関係がみられ、競争が抑制的となっている。個人が当座貸越の銀行をスイッチすることや、中小企業がメインバンクを変更することは現実的には簡単ではない」と指摘している。

　英国でチャレンジャーバンクやネオバンクが勃興した背景には、当局が銀行業界での競争を促すことによって、個人や中小企業の利便性向上を図ろうとしたことがあげられる。SHBが200以上の支店をもち顧客の支持を得ている理由も、四大行にはないサービスを提供しているためとみていいだろう。

　2013年、公共放送のBBCはイングランド銀行のキング総裁（当時）が、ある中小企業の経営者に宛てた手紙（自筆のサイン入り）を紹介した。イングランド西部のウースターシャーに住む65歳の中小企業経営者であるマイク・ベンソン氏は、事業用に1万7,000ポンドのミニバンを買うために、1万ポンド（150万円）の借入れをメインバンクに申し込んだ。ところが、この銀行はベンソン氏の会社が過去15年、少額ながら利益を出していたのにかかわらず、会社の資産が十分ではないとして、個人保証がなければローンを出せないと回答した。これに憤慨した同氏はキング総裁に直接、窮状を訴える手紙を送った。驚くことに、総裁は返信の手紙を書いた。「英国の銀行が中小企業融資に積極的でないことを、残念に思う。一つの解決策として新しい銀行、たとえばハンデルスバンケン（SHB）に相談してはどうだろう」

1　調査機関であるStatistaは、四大行の当座預金シェアを77％程度と推定している。

ベンソン氏は結局ポケットマネーでミニバンを買ったが、この逸話はSHB
の顧客志向に基づく業務展開が中央銀行の総裁にまで理解されていたことを
示す。借入れの申込みを本部に送り、時間をかけて杓子定規な審査をするよ
り、支店長が顧客の事業を理解し融資を即決するほうが顧客の利益にかな
う。ベンソン氏のケースでいえば、150万円は無担保融資の支店長権限であ
る6,350万円の範囲内である。英国市場でのSHBの成功は、寡占市場で既存
の大手行とは違うアプローチで顧客ニーズをつかんだためと考える。

5　日本への示唆：業務拡大の決め手は Under Served Marketsへの進出

支店網拡大の逆張りを成功させる条件

　SHBの成功は、これまでの章で触れてきた銀行と同様、多くのメディアや
学術論文で分析されている。そこで強調されているのは、分権化であり支店
長への権限移譲である。欧米のほとんどの銀行が、中央集権的な組織と支店
長には貸出の決裁権限がないという特徴をもつなかで、SHBによる大胆な現
場への権限移譲と、その結果としての斬新な業務展開が顧客満足度の向上に
つながった、という点である。

　邦銀からすると、支店に貸出や投信のセールス目標を課さないことに関し
ては検討の余地があるが、支店長の貸出決裁権限については「あるのが当然
で、参考にはならない」という見方が多いだろう。地域本部が審査を行って
いるケースもあり、SHBの組織の三層構造にも新味はない。

　しかし、ここでは2つの重要なインプリケーションがある。第一は支店網
の拡大や新業務への進出の可否を決める要件、第二は中期経営計画（中計）
や年度計画における目標設定の考え方である。

　過去10年のレンジでみると、邦銀だけでなく世界中の銀行がDXの進展を

背景に支店の削減を進めている。そうしたなかでSHBにおける支店の増設は、一見、逆張り経営のようにみえる。ただSHBによる英国での業務拡大には、顧客サービスで熾烈な競争が繰り広げられていない市場で、支店長が貸出の決裁権限をもつことで顧客の信任を得られるという確信があったと思われる。

　銀行業における戦略分野は、他行によるサービスが十分に行き届いてない地域や業務にある。英語では、Under Served Marketsと呼ばれる領域である。市場全体が成長している時の支店開設は、流れに乗る、いわゆる順張りの戦略である。しかし、市場の成長が緩やかな、あるいは止まった市場での支店開設（逆張りの戦略）は、そこで他行と同じ業務を行う限り、過当競争による消耗戦に陥る可能性が高い。

　逆張りを成功させるためには、Under Servedとなっている地域や事業領域を見つけ、そこでこれまでにないサービスを提供する必要がある。この戦略にのっとり、英国ではSHBだけでなく、チャレンジャーバンクやネオバンクが顧客の支持を広げている。

　日本では今後も、都市型ではない地銀による東京、大阪など大都市への新規出店が考えられる。しかし、本拠地とつながりをもつ企業や個人から順に対象を広げる、もしくは中小企業に対するDXや事業承継などのコンサルに徹するなど特徴のある戦略をもたない限り、所期の成果をあげることはむずかしいだろう。

中計のつくり方と目標、賞与の関係

　中計に関しては、３年計画とする邦銀が多い。最近では、情勢の変化に対応するためには３年では不十分として、５年や６年間の計画を策定する銀行もある。そのなかで、SHBのように「他行平均より高いROE、低いOHR・与信費用」といった毎年のゴールを定め、数年後の収益やROEのメドを示さないというアプローチは新鮮だろう。

　収益を決める２つの要素は銀行の自助努力と金融経済のマクロ指標だが、

経営陣はマクロ指標をコントロールすることはできない。そうであれば他行平均との比較で、自行のパフォーマンスを図るのも納得的だろう。一方で他行との比較は事後的であることや、市場への収益コミットメントをどうすべきか、というガバナンス上の問題がある。ただ現状、他行比較は四半期ごとにできる。また、中計の利益目標に関しては、市場から必ずといっていいほどマクロ前提の質問が出る。中計の計数目標はソフトなものにしつつ、実際の運営をSHB型にするといった折衷案も検討の価値がある。

　SHBの社是は顧客との長期的な信頼関係の構築だが、支店に収益や貸出残高、投信の販売手数料といった目標を課さないのは、銀行の都合で顧客との関係を損ねたくないとの考え方があるからだろう。また、成績優秀者に特別なボーナスを払わないことも、短期的な業績指向に歯止めをかけるうえでは有効だと思われる。

　筆者が日本で聞いた事例には、支店長が自分の在任中の業績にばかり注力し、後任の支店長には業務開拓の余地がほとんど残っていないといったものがある。これは、銀行のためにも顧客のためにもならない。一方で、支店や個人に対する目標を廃止してしまって本当に業績はあがるのかという問題もある。SHBのようにOHRで支店を評価するにしても、邦銀では支店長の裁量による経費管理には限界がある。

　一つの解決策としては、支店への目標を管理会計上の収益とコンプライアンスのみに絞って、貸出の増加額や投信の販売目標をなくすことが考えられる。そうすれば、支店長は地域にあった戦略を考えることができる。賞与に関しては、実際の支給額に外資系金融機関ほどの差がないことから、現状のままでも問題がないだろう。

デジタルとの共存―オムニチャネル戦略への進化―

　SHBの支店数は、全体では2014年をピークに減少に転じている。業績拡大を支えた英国でも、2020年の支店数は2017年より少ない（図表6－9）。SHBのポリシーは、顧客のニーズがある限り支店を維持することにあり、DXは

リアルの支店を補完するものとして位置づけられている。

　しかし支店への来店客数が減少するなかでは、これまでの方針に変更が必要になる。同行はFY19のアニュアルレポートで、すべての顧客にフルバンキングサービスを提供するとしていた従来のポリシーを修正し、質の高い顧客との取引に重点を置く方針を表明した。はっきりとは書かれていないが、リアルの支店による良質顧客へのサービス提供は継続するものの、一般顧客との取引はデジタルに移行させることを指向していくと思われる。

　リアルとデジタルの融合は、世界中の銀行がオムニチャネル戦略として掲げている。そのなかで、SHBがどんな具体策を示すかが新たな注目点である。

第 7 章

エドワード・ジョーンズ
―高成長を支える地域密着型FA―

支店数１万5,000のフルサービス証券会社

対面営業にこだわり粗利益は全米第３位

エドワード・ジョーンズ（Edward D. Jones、EJ）は、1922年に設立された米国中西部のミズーリ州セントルイスに本拠を置く、フルサービスの証券会社である。ロビンフッドに代表される、株式委託手数料が無料の投資アプリの台頭や、資産運用ではロボアドバイザーが人気を集めるなかで、EJはあくまで対面営業にこだわる。

かつて、メディアの一部から「時代遅れのビジネスモデル」と評されたが、2020年末の従業員数はパートタイムを含め約５万人、粗利益（revenue）ではブラックロック、チャールズシュワッブに次いで証券会社として第３位の地位を占める（調査会社Statista調べ）。

EJの特徴は、FA（フィナンシャル・アドバイザー）１人、アシスタント１人のミニ店舗を全米に配置し、地域密着型の業務を展開していることにある。支店はオフィス街やショッピングモール、地元商店街に設置し（図表７－１）、それをセントルイス本社（図表７－２）が管理する。2020年末における支店数は１万5,361、ほとんどが米国内であるが、カナダにも694店を有する。

当期利益は10年で3.3倍

EJの議決権の99％をもつ親会社はジョーンズ・フィナンシャル・カンパニー（The Jones Financial Companies, L.L.L.P. 非上場）で、日本の合同会社に近い有限責任パートナーシップの形態をとる。株式会社における株主のように、最終利益はパートナーがシェアする。

同社のSEC向け年次報告書（Form 10K）によると、2020年12月期（FY20）

図表７－１　EJフレスノ支店（カリフォルニア州）

（出所）　Edward Jones

図表７－２　EJ本社（セントルイス）

（出所）　Edward Jones

の粗利益は100.6億ドル（USD=103.5円として1兆412億円）、当期利益は12.8億ドル（1,330億円）、預り資産は1.5兆ドル（160兆円）に達する。また、FAは1万9,225人、支店のアシスタントは1万6,723人、サポートにあたる本部スタッフは6,954人（図表7−3、フルタイム勤務者）となっている。

　これらの計数をFY10と比較すると、FA数が1.5倍、預り資産が1.7倍に対して、当期利益は3.3倍に増加している。顧客が増加したことに加え、顧客一家計当りの預り資産額が271千ドル（2,800万円）と、10年前の2倍以上に増加したことが主な要因である。

　FY19との比較では、コロナ禍で一時的にFAの採用を停止したことで、支

図表7−3　Edward Jonesの業績推移

(単位：百万ドル)

	FY10	FY15	FY19	FY20	10年間の成長率
粗利益	4,107	6,619	9,369	10,063	145.0%
うちフィー収入	1,901	4,089	7,452	8,175	330.0%
経費合計	3,714	5,781	8,277	8,778	136.3%
うち給与、賞与	2,644	4,641	6,538	7,186	171.8%
当期利益（パートナーへの支払前）	393	838	1,092	1,285	227.0%
預り資産（十億ドル）	572	877	1,349	1,546	170.3%
顧客数（家計数、百万）	4.5	5.0	5.5	5.7	26.7%
顧客一家計当り預り資産（千ドル）	128	175	245	271	111.7%
支店数（カ店）	11,375	12,482	15,044	15,361	35.0%
FA数（人）	12,616	14,508	18,704	19,225	52.4%
アシスタント数（人）	13,002	14,407	16,958	16,723	28.6%
本部スタッフ数（人）	4,898	5,913	7,049	6,954	42.0%
合計従業員（人）	30,516	34,828	42,711	42,902	40.6%
FAの平均年収（千ドル）	—	183	265	217	—
平均離職率	—	9.7%	8.8%	6.7%	—

（注）　預り資産のうち5,600億ドルは、アドバイザリー・ソリューションプログラム。
　　　　FY20の支店のうちカナダは694、FAは904人、当期利益は△3百万ドル。
（出所）　The Jones Financial Companies, L.L.L.P.。

店数、FA数とも微増にとどまったが、当期利益は17％の増益になった。これは、株式相場の上昇により預り資産の時価が拡大、時価をベースとする手数料が増加したためである。

EJに対して日本では、投資銀行が富裕層に対するプライベート・バンキング業務を進めるなか、その対象とならない地方の準富裕層を、地元の名士をFAとして採用することにより取り込んだ、地域密着型の証券会社といった評価が多い。しかし、実態はやや異なる。

2 EJでのキャリアパスと報酬

透明な報酬体系、パートナーに登用も

2020年、経済誌FortuneはEJを「金融・保険業界で働きがいのある勤務先の第1位」に、全業界でも第7位に選定した。同年にTraining Magazineが発表した「研修が最も優れた会社」では、全米で25位にランクされている。一方、独立系調査会社のForrester Researchは、EJをCX（カスタマー・エクスペリエンス）指数で、投資会社のなかで第1位とした。専門的な教育を受けた従業員の高いモチベーションが、顧客にも伝わり支持されているように思える。

では、EJでのキャリアパスと報酬はどうなっているのだろうか。同社のホームページによると、採用の職種にはFA経験者、新しいFA、支店アシスタント、本部スタッフの4つがある。入社希望者はまず、ホームページにあるジョブサーチのページから、EJがどの職務を募集しているかを確認する。たとえば2021年3月の公募職務には、西海岸地域およびマウンテン地域（コロラド州、ユタ州など）のFAや、テキサス州やペンシルベニア州の支店アシスタント、セントルイス本社でのFAトレーニング担当リーダーやIT部門な

どがある。

　入社希望者はこのリストをみて応募するが、FA経験者の場合、選考を通れば本社での研修の後、新設あるいは既存の支店に配属となる。支店配属後の数カ月は本社から移行チームが派遣され、スタートアップをサポートする。最初の１年間はベースの給与が支給されるが、その後は各人が得た年間の手数料で、報酬が決まる。ボーナス込みの所得は、手数料が40万ドル（4,140万円）の場合で19.2万ドル（1,990万円）。手数料に対する報酬還元率は徐々に上がっていき、手数料が200万ドル（２億700万円）に達すればその60.8％に当たる121.6万ドル（１億2,590万円）が支給される（図表７－４）。成績優秀者には本人の希望により、持株会社であるジョーンズ・フィナンシャル・カンパニーのパートナーへの道が開かれる。

　FA未経験者の場合、まず本社で研修を受ける。研修は、リモートとリアルの組合せになっている。FAになるために最低限必要な証券外務員試験（シリーズ７）と、投資顧問代理人認定試験（統一州法試験、シリーズ66）に合格

図表７－４　EJのキャリアパスと報酬体系

FA経験者	⇒		⇒	支店に赴任	⇒	最初の１年間	⇒	実績給	
		ジ		移行チームが サポート		ベース給与		年間コミッション	合計の報酬
		ョ						40万ドル	19.2万ドル
		ブ						100万ドル	57.8万ドル
								200万ドル	121.6万ドル
新しいFA	⇒	サ	⇒	資格試験準備	⇒	研修	⇒	支店に赴任	
				時給を支払		集合＋ バーチャル		標準的な成績	報酬
		チ						1年目	6.6万ドル
								5年目	10.7万ドル
支店アシスタント	⇒		⇒	支店に赴任					
				トレーナー派遣					
本社スタッフ	⇒		⇒	研修	⇒	専門部署に配属			

※FA、本社スタッフには将来、パートナーになるオプションが用意されている。

（出所）　Edward Jonesホームページより作成。

するまでは、研修期間に応じて時給が支払われる。シリーズ7は試験時間が3時間45分あり、日本の同種試験より幅広い知識が必要とされる。シリーズ66も、試験時間は2時間半と長い。合格後の数カ月は、実際の支店運営や顧客開拓のノウハウ、コンプライアンスなどの研修を本社で受ける。その後、支店に配属されるが、1年目は標準的な手数料を獲得した場合で6.6万ドル（683万円）、5年目は10.7万ドル（1,107万円）が支給される。この額は、手数料の額で上下にスライドする。ある程度の実績を積めば、報酬はFA経験者の体系に移行する。

　支店のアシスタントにも支店勤務開始後の数週間、トレーナーが派遣される。本社スタッフ部門では、研修、ITのほか、法務、財務、税務、リサーチ（株式、債券、マクロ経済）、ポートフォリオバランス、リスク管理、コンプライアンスなどの専門家が育成される。本社スタッフにも、パートナーに登用される道がある。

モチベーションのベースは、顧客とのwin-winの関係

　FAの報酬は、手数料収益と連動している。日本の感覚では、FAが短期的な手数料の収受のために、顧客の利益を無視した証券商品の短期売買に傾斜するというリスクがあるように思える。しかし、CX評価が高い背景として次の2点を指摘できるだろう。

　第一に、FAは原則的に転勤しないことである。いったん支店に配属されれば、顧客との間で築くリレーションが業務の土台となる。EJの経営陣はFAの職務を「ジョブではなくキャリア」と述べているが、支店は自主性が尊重される。FAには個人事業主といった趣があり、その業務は、生涯にわたる仕事となる。

　転勤という逃げ場のない状況のなかでは、顧客の長期的なニーズを的確につかみ信頼関係を築くことが必須である。顧客と誠実に向き合うこと、日本でいえば金融庁が金融機関や証券会社に強く求めている、顧客本位の業務運営（フィデューシャリーデューティ）が実践されていることが、CXの高さに

つながっている。

　第二は、手数料の多くが証券の売買ではなく、預り資産に対する年間手数料として収受されていることだろう。FY20における粗利益の内訳は、預り資産に対するもの（Asset-based fees）が74％、売買手数料が6％、トレーディングが17％、その他が3％となっている。回転売買を推奨するより、顧客の預り資産の時価評価額を徐々に増やすことが、FAの報酬アップにもつながる。顧客がFAのサービスに満足し知り合いに紹介すれば、地域での評価だけでなく、FA自身のモチベーションも上がる。顧客とwin-winの関係を築くことができれば、EJは働きがいのある職場になる。

FAとしての実績がコミュニティでの評価に

　EJのFAはそれぞれがホームページをもち、資産運用に対する思いや、自分のプロフィールを紹介している。1万9,000人を超える全FAのホームページを閲覧することは現実的ではないので、ここではニューヨーク市の中心部から電車で40分、全米有数の高額所得者の居住地域であるコネチカット州グリニッジと、そこから20km圏にある10の支店に勤務する13人のFAについてみていこう。13人のFAのうち7人がウォールストリートでなんらかの金融業務に従事していた経験があり、1人がコンサルタント出身、5人が新卒である（13人のうちアジア系が2名、男女比は11：2）。金融業界経験者のほうが資格試験の受験に有利なこともあり、地元の名士がFAになるのではなく、FAとしての実績がコミュニティのなかで名士としての評価につながるとみるのが適当だろう。

　ただし、すべてのFAが成功しているわけではない。図表7－3のとおり、FY15における離職率は9.7％、FY19では8.8％に達する。FY20は6.7％に低下したが、これは株式市場だけでなく債券市場でも価格が上昇、全体的に顧客満足度が上がったためと考えられる。

3 EJの手数料体系：日本での適用は可能か

粗利の７割は預り資産ベースの手数料

EJはホームページのなかで、顧客取引における手数料体系を明示している。前述のように手数料は預り資産ベースのものと、証券の売買委託手数料の２つに分類される。

日本と同様、米国でも公的年金だけで老後の生活資金をまかなうのは現実的ではない。個人は、企業年金に加え税制適格の個人年金などで老後資金の準備をする。米国の雇用制度は基本的にジョブ型であり、メンバーシップ型の日本のような定年という概念はない。したがって、個人は自分のライフプランにあわせた貯蓄と資金運用を、早いうちから行う必要がある。

EJに開設した個人退職口座では、口座維持手数料として年間40ドルが必要となる。この口座で株式を購入する場合は、２％の手数料がかかる（図表７−５）。ロビンフッドなどの投資アプリを使えば手数料が無料となるが、個人退職口座では税制面の優遇措置がある。一方、通常のブローカー口座での投信購入では、商品により1.95％から3.5％の手数料が設定されるが、このうち1.2％から2.7％をFAが収受する。アドバイスに対する対価と考えれば、わかりやすいだろう。

前述したように、FY20におけるEJの粗利益のうち証券の売買手数料は６％にすぎず、預り資産ベースの手数料が70％を占める。預り資産ベースの手数料は大きく分けて、ラップ口座に対するアドバイザリー・ソリューション手数料と、その他の預り資産に対する口座維持手数料がある。

EJの預り資産１兆5,460億ドルのうち、アドバイザリー・プログラム（ラップ口座）は5,600億ドルで36％を占める。ラップ口座には、資産の組合せを顧客が選んだ後、１年に１回、投資目的にあわせた自動的なリバランスを行

図表7－5　EJの手数料一覧

個人退職勘定（個人年金）			
年間手数料	40ドル	株式購入	2.00%

投信購入			
合計手数料	1.95～3.50%	うちFAが収受	1.20～2.70%

アドバイザリー・ソリューション手数料（年間）			
25万ドル以下	1.35%	100万ドル以下	1.25～1.30%
250万ドル以下	1.00%	500万ドル以下	0.80%

FY20の開示計数から単純計算したアドバイザリー・ソリューション手数料の平均は1.18%

預り資産口座管理手数料（年間）			
通常	0.15～0.25%	最大	1.00%

口座管理手数料の平均は0.23%

（出所）　Edward Jones, The College Investors

うGuided Solutionと、ポートフォリオ構築とその後の調整をFAに任せるアドバイザリー・ソリューションがある。

アドバイザリー・ソリューションが主要業務

　詳しい手数料が示されているアドバイザリー・ソリューションでは、預り資産額が25万ドル（2,590万円）までが1.35％、50万ドルまでが1.30％、100万ドルまでが1.25％、250万ドルまでが1.0％、500万ドルまでが0.8％、1,000万ドルまでが0.6％、2,000万ドル以上が0.5％。開示資料から単純計算した手数料の平均は、1.18％となる。一方、ラップ口座以外の口座維持手数料は0.15～0.25％で設定されており、単純計算した平均は0.23％である。

　EJの主要業務は、アドバイザリー・ソリューションにあると思われる。FAが顧客の資産運用目的や目標、リスク許容度をヒアリングしてポートフォリオを構築、そのパフォーマンスが四半期ごとに報告される。顧客との

定期的なミーティングを通じて、その時の相場見通しによってポートフォリオの見直しが進められる、というのが大まかな流れになるだろう。

　FY20における顧客一家計当りの預り資産は、ラップ口座とそれ以外をあわせて27.1万ドル（2,800万円）である。EJの顧客は富裕層ではなく、中間層のなかで比較的所得が高い、いわゆるアッパーミドル層が中心になっていると思われる。

　なお、EJが行う顧客の相続などの相談では、FAのほか弁護士や会計士が同席することが多いようだ。弁護士や会計士の数が日本よりかなり多い米国では「街の弁護士・会計士」といった感覚があり、そうした場面に立ち会うのは一般的である。

日本で資産ベースのフィーの設定は可能か

　EJに対する個人顧客の評価をSNSで検索すると、高評価とそうでないものに二分される。高評価のものにはFAが永年、親身になって相談してくれるといった声が多い。一方、評価しない意見には、サービスの割には手数料が高いというものが多数を占める。送金や解約などで、隠れた手数料が発生したという投稿もある。EJを評価しない人々は、自分で投資判断ができ、かつITリテラシーが高いことがうかがわれる。

　ただEJの顧客数、一家計当りの預り資産が成長を続けていることを考えれば、総じてビジネスモデルが評価されているといえよう。投資銀行が展開する超富裕層向けのプライベート・バンキングと異なり、EJでは1万5,000ある支店の敷居が低く、地元のFAとしての親近感が定着しているように思える。

　EJの業績が順伸しているもう一つの理由は、米国の株式相場にあると考える。日本との比較は、金融庁の平成28事務年度金融レポート（2017年）の分析がわかりやすい。同レポートによると、1995年から2015年までの20年間で米国の家計金融資産が3.14倍になった一方、日本では1.51倍にとどまる。この間の運用リターンによる家計金融資産の増加率でも米国は2.3倍で、日

本の1.2倍とは大きな差がついている。

　日本でも、かねて回転売買の弊害が指摘されている。ただ、手数料が２～３％と高いとされながらも、ラップ口座の残高は順調に伸びている。一般的な手数料が１％程度のロボアドバイザーも、若年層を中心に残高を増やしている。一方、ラップ口座以外の預り資産については、口座維持手数料を徴求するかわりに、株式などの売買手数料を無料にするといったサブスクリプション・サービスは定着していない。10年物国債の金利が0.1％前後にあるなかで、アドバイスの対価としてどれだけのフィー水準なら顧客の納得が得られるのか、答えはまだみえない。

4　セント・ジェームス・プレイス（SJP）：FA事務所への業務委託

EJはFAを内製化、SJPはパートナーシップ契約を締結

　EJとよく似たビジネスモデルをもつ金融サービス業者に、英国のセント・ジェームス・プレイス（St. James's Place、SJP）がある。SJPは1991年に設立され、1997年にロンドン証券取引所に上場された。株式はFTSE100に採用され、2020年末の時価総額は9,150億円（１ポンド＝150円として）。ロンドンの西方130kmに位置する古都サイレンセスター（図表７－６、歴史はローマ時代までさかのぼる）に、本拠を置く。設立当初は生命保険の販売を主力としていたが、徐々に資産運用に関するアドバイザリー業務に舵を切り、現在に至っている。ブランドネームは、セント・ジェームス・プレイス・ウエルスマネジメントである。英国におけるFAの総数は約３万8,000人、このうち銀行やビルディング・ソサエティ（建築貯蓄組合）に勤務する割合は10％に満たず、独立系FAが75％近くを占める（図表７－７）。

　EJとSJPの最大の違いは、EJがFAを社員として雇用するのに対して、

142

図表7－6　サイレンセスターの位置

（出所）　St. James's Place

図表7－7　英国での資格保有アドバイザー

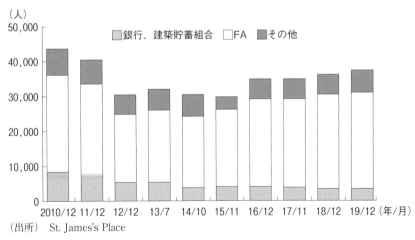

（出所）　St. James's Place

SJPは、独立系FAが各地に設立した事務所と個別に業務委託契約を結ぶことにある。FA事務所はFAが1人から数十人在籍し、日本でいえば中小から中堅の税理士事務所のイメージに近い。

　地域コミュニティとの関係では、EJが名士を育てるのに対して、SJPはもともとの名士を組織化しているとの違いがある。EJでは経営幹部がパートナーとなり株主的な位置付けになるが、SJPでは契約を交わしたFA事務所の所長や幹部がパートナーと呼ばれる。その名のとおり、協働事業者である。

　SJPは2020年、コンサルティング会社のGoodacreから、Wealth Management Company of the Year を受賞したほか、Shares Magazine から Best Wealth Managerに選定されている。

10年で当期利益が5.3倍に拡大

　SJPのFY20の当期利益を図表7−8でみると、IFRS（国際会計基準）ベースで2.62億ポンド（393億円）、保険業務の各種評価損益、準備金の変動などを調整したキャッシュベースでは、2.55億ポンド（382億円）である。SJPでは、対顧客業務から生じたキャッシュベースの利益をベンチマークとしているが、10年前のFY10と比較すると5.3倍に拡大した。

　伸び率はEJの3.3倍を凌ぐが、その原動力となったのは傘下FAの増加だろう。10年間でのFAの増加率はEJが52％だが、SJPでは2.8倍である。これに伴い、SJPの預り資産は4.8倍の1,293億ポンド（19.4兆円）に拡大した。顧客数は、開示のあるFY19で73.3万人である。

　2020年末におけるFAは4,338人で、全英のFA総数の11％に相当する。開示計数から単純計算したFAの平均年収は19.1万ポンド（2,865万円）で、EJの21.7万ドル（図表7−3、2,250万円）よりやや高い。これは、新卒など新しいFAの割合がEJのほうが高いためと考えられる。SJPもFA養成のためのアカデミーをもっており、2020年末で244人が在籍している。

　英国の独立系FA事務所は、コンプライアンスなど規制強化や、DXなどで

図表7－8　St. James's Placeの業績推移　　　　　　　　　（単位：百万ポンド）

	FY10	FY15	FY19	FY20	10年間の成長率
Cash basis（after tax）粗利益	128.9	341.0	575.6	595.1	361.7%
うちフィー収入	114.9	278.6	424.9	455.9	296.8%
経費合計	80.6	158.9	264.9	292.4	262.8%
その他	－	－ 10.6	－ 81.3	－ 48.0	－
当期利益	48.3	171.5	229.4	254.7	**427.3%**
当期利益（IFRS）	55.0	202.0	146.6	262.0	376.4%
預り資産（十億ポンド）	27.0	58.6	117.0	129.3	**378.9%**
顧客数（千人）	－	506	733	－	
FA合計	1,552	2,264	4,271	4,338	**179.5%**
FAの平均年収（千ポンド、推定）	－	－	191	191	－

（出所）　St. James's Place

　コストが嵩みつつある。SJPでは本社の1,500人以上の専門スタッフが、事務所運営のノウハウ提供、当局宛て報告の代行、サイバーセキュリティへの対応などを担当する。こうしたサポートにより、FA事務所はアドミニストレイティブな負担を抑え、顧客対応に注力できるようになる。SJPと業務委託契約を結んだFAの名刺には、自分の事務所とSJPの名前の両方が記載される。規模の小さなFA事務所であっても、FTSE100に選ばれたSJPの一員というブランドが、顧客に安心感を与えるようだ。

SJPのビジネスモデル：
顧客とFAのマッチング

3種類の対顧手数料

　SJPのビジネス上の特徴は、FA事務所にさまざまなアドバイスを提供する一方で、自社ブランドの私募投信の販売を求めることだろう。債券型から株式型、ハイブリッド型など42の投信が用意されている。投信全体でみたFY20末の投資先は、米国株が24％、各種債券が18％、アジア・太平洋各国の株式が15％、英国株が14％、欧州株が11％、代替投資が8％などとなっている。

　投信のブランド名はSJPだが、実際の運用は39の著名な資産運用会社に委託して利益相反を防いでいる。資産運用会社は欧米が中心だが、日本や香港、オーストラリアの会社も含まれる。SJPの経営陣は各ファンドについて年次レビューを行い、運用成績により委託先の入替えも行う。

　顧客に対する手数料は、ホームページで公開されている。手数料は大きく分けて、アドバイスチャージ、プロダクトチャージ、マネージングチャージの3種類がある。

　アドバイスチャージは、顧客がFAから最初のアドバイスを受けた時に投資金額の4.5％が徴収され、その後は毎年0.5％が支払われるが、この部分はFAに支払われる報酬の原資になると思われる。顧客が支払うアドバイスチャージの手数料は2年目から0.5％になるので、資金を長く置けば平均の手数料率が下がる仕組みとなっている。

　プロダクトチャージはSJPのコストをカバーするものとみられるが、最初の投資時点で1.5％、その後は年間1.0％に設定されている。ただ長期投資を促すため、この1.0％は6年間徴求されない。マネージングチャージは投信の設定会社に支払うものと思われるが、投信の種類によって異なる（年間0.5

〜2.0％程度）。

　顧客が最初にFAに資金を委託する時の手数料は、アドバイス＋プロダクトチャージで6.0％、これにマネージングチャージが上乗せされるので、かなり高くなるように思える。しかし、FAは定められた業務範囲内で相続や税金の相談も行っており、顧客はその対価としてとらえていると思われる。２年目からの手数料率は0.5％＋マネージングチャージになるので、負担感はかなり低下する。

face to faceの資産運用ニーズを取り込む

　英国の国家統計局（ONS）によると、2018年末時点で個人の金融資産、年金、不動産などを合わせた「富（Wealth）」の87％を45歳以上が保有している（図表７−９）。具体的には45〜54歳、55〜64歳の２つのゾーンで全体の51％を占め、65〜74歳も23％と高い割合となっている。日本では不動産まで含めた統計は見当たらないが、金融資産は退職後の世代が多く保有してい

図表７−９　英国　年代別「富」の保有（％）

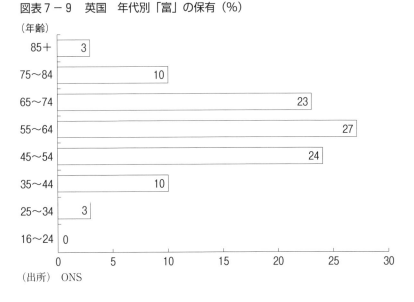

（出所）　ONS

る。2011年、英国では法定定年年齢が廃止され、退職時期は個人の自由に任されるようになった。米国と同様、個人は早い時期から老後に備えた資産運用を意識する。

SJPによれば、英国でもオンラインブローカーやロボアドバイザーの人気が高まっているが、税制や年金制度が複雑なため、face to faceの資産運用会社へのニーズは引き続きある。むしろ、人口構成の高齢化が進むなかでニーズは高まると同社はみている。

SJPは預り資産の拡大を目指し、2020年に5年間の中期経営計画（中計）を発表した。欧米において金融機関の中計は一般的ではないが、FAの増強で2025年までに預り資産を2,000億ポンド（30兆円）に引き上げるという目標を掲げている。年間の粗利益成長率は10％をメドとし、経費の増加は5％に収める計画となっている。

アナリストの間では、計数目標は意欲的との指摘がある。しかしSJPの経営陣が、face to faceの資産運用という自社のビジネスモデルが今後も成長すると位置づけたことは重要であろう。なお、SJPは英国のほかシンガポール、香港、上海で132人のFAを通じて業務を展開しているが、規模が小さいこともあり黒字化には至っていない。

顧客と同世代のFA、キーワードは「共感」

SJPでは2020年末で、預り資産で5万〜25万ポンド（750万〜3,750万円）の顧客の割合が全体の31％、25万〜50万ポンド（3,750万〜7,500万円）が22％を占める。100万ポンド（1億5,000万円）以上の顧客の割合も22％ある。アッパーミドル層と、準富裕層が主な顧客ということができるだろう。

これを年齢別にみると、40代が16％、50代が27％、60代が22％、70代が23％（図表7−10）。一方、FAの分布は35〜45歳が29％、45〜55歳が33％、55〜65歳が18％で、65歳以上も3％在籍している（図表7−11）。FAの平均年齢は47歳で、19年間の職務経験をもつ。顧客とFAの年代がややずれているように思えるが、新規顧客に限ると30歳未満が18％、30代が14％、40代が

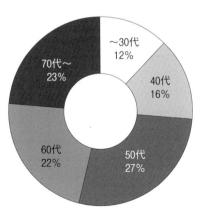

図表 7 − 10　SJPの年代別顧客の割合

～30代 12%
40代 16%
50代 27%
60代 22%
70代～ 23%

（出所）　SJP（2020年末）

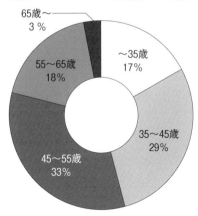

図表 7 − 11　SJPの年齢別FAの割合

65歳～ 3%
～35歳 17%
35～45歳 29%
45～55歳 33%
55～65歳 18%

（出所）　SJP（2020年末）

19％、50代が28％を占めており（SJP資料）、年代はほぼマッチしている。

　第3章（DBS）や第5章（U.S.バンコープ）で述べたとおり、DXと並ぶ世界の金融機関の潮流はCX（カスタマー・エクスペリエンス）である。金融機関が提供する商品やサービスは、徹底的に顧客の立場に立ってこそ受け入れられるという発想だが、その根底には共感がある。老後を見据えた資産運用を相談するとき、FAの年齢が顧客に近ければ、家族や健康、退職、親の世代への対応などで共感する部分が多いだろう。SJPが高成長を続けている背景の一つは、顧客と共感できるFAをそろえたことにあると考える。

　なお、FAの平均年齢が47歳ということは、FAの退職に伴う個人事務所の閉鎖という問題も考えなければならない。SJPには、顧客資産がスムーズに新しい事務所に移管できる仕組みがある。あらかじめ顧客にヒアリングして、住所や過去の実績などから、希望にあった別のFAを準備している。

6 日本への示唆：
成長市場に必要な専門家の育成

EJ、SJPが成長した３つの要因

10年間で当期利益がEJで3.3倍、SJPで5.3倍に拡大したのは、以下の３つの要因が考えられる。

第一は、個人による資産運用が成長分野であることだ。資産運用は余裕資金の活用であるが、余裕資金をもつ高齢者の人口は欧米でも日本でも増加傾向にある。少子高齢化は経済全体の活力にはネガティブであるが、資産運用の世界では、潜在的な顧客の増加につながる。

第二は、手数料がない、あるいは低水準のオンラインブローカーやロボアドバイザーを使う顧客層と、face to faceのコンサルティングを求める顧客層が明らかに違うことだろう。これは、金融やITリテラシーの差だけでは説明がつかない。若年層は手数料で合理的な判断を下すが、中高年層では複雑な税制、年金制度に関する十分な知識があるわけではない。長期的な運用のためには、総合的なアドバイスが必要だ。

そして第三は、２社ともFAというプロフェッショナルが、業務運営の中核にいることだろう。EJでもSJPでも原則、FAの転勤はない。両社ともFAの年間離職率は６〜９％に達するが、FAは顧客の信頼を得るため、そして自らの雇用を守るために、市場のみならず税制、相続、年金制度などの変化をウオッチするプロフェッショナルであり続けなければならない。

過去10年の相場動向がFAにとって追い風であったことは確かだ。しかし、それは競合他社でも同じであり、そのことだけで２社の突出したパフォーマンスを説明することはできない。

邦銀への示唆―プロの育成、シニア行員の活躍―

EJとSPJの成長の要因のなかで、第一と第二はマクロ要因であり日本においても当てはまる。ただ第三の、プロフェッショナルによるコンサルティングという点はかなり異なる。銀行窓口で投信・保険販売を担当する担当者は、人事ローテーションに組み込まれており、どちらかというと若手が多い。転勤により、同じ窓販業務でも他支店へ、あるいはまったく別の業務担当に異動するケースがほとんどだろう。一般に「投信・保険販売」という言葉が使われ、「資産運用アドバイザー」という言葉が使われないのは、あくまで販売の担当者にすぎないという実態を表しているからだろう。業法の関係でむずかしい面もあるが、所得面でアッパーミドル層の中高年が求めているのは、税制もふまえたプロによる総合的な資産運用アドバイスであると考えられる。

邦銀が実行できる施策には、次の2つがあるだろう。

EJのように転勤がなく、生涯FAとして地域に尽くすというモデルの導入は、いますぐにはむずかしいかもしれない。しかし、担当者の異動サイクルを延ばせば、一般論として顧客からの信頼が高まる。担当者にあらかじめ、異動サイクルが長いことを説明し本人も納得するならば、短期的な実績より長期的な預り資産の拡大に力を入れるのではないか。また、資産運用アドバイス業務にやりがいを感じている行員に対しては、総合職から専門職へのスイッチの機会を提供すべきだ。メンバーシップ型からジョブ型への転換だが、ITや市場部門と同様、将来のキャリアパスを明示するとともに報酬や昇進を柔軟に考えることが必要だろう。

もう一つの施策はSJPのような、潜在顧客とアドバイザーの年代マッチングだろう。定年延長で、多くの銀行がシニア行員の処遇に悩んでいる。そこで行員が一定の年齢に達したら、希望の行員に資産運用相談業務に関する専門的な研修を行う。研修後は、支店の窓口で通常の行員の人事評価・報酬体系とは別の独立した体系のもとでアドバイザリー業務の任につく。業績が良

ければ延長した定年をさらに超えて、同じ支店に勤務することを認めること
も一つのアイデアである。

　また、FP（フィナンシャル・プランナー）などの資格を取得した行員には、
思い切ってEJのようなミニ店舗の運営を任せる。ミニ店舗の立地は、駅前
やショッピングモールの一角などが考えられる。発想を転換して、規模を縮
小あるいは廃店になった店舗の一部を利用する方法もある。パイロット店舗
の出店は、現実的な選択肢だろう。

　総務省の「全国消費実態調査」（2014年、都道府県別）によれば、個人の金
融資産に占める預貯金の割合は、都市部より地方のほうが高い。逆に言え
ば、金融機関にとって地方は資産運用ニーズの開拓余地が大きいことにな
る。新しいアプローチを試す価値は、十分にあると考える。

第 8 章

チャレンジャーバンク(1)

―レボリュート、N26―

1 チャレンジャーバンクとネオバンク

規制緩和で新規参入を促す当局

英国の2012年金融サービス法は、リーマンショックとその後の対応に対する反省から、金融サービス機構（FSA）の権限を金融監督委員会（Financial Policy Committee、FPC）、健全性機構（Prudential Regulation Authority、PRA）、金融行為機構（Financial Conduct Authority、FCA）に分割した。第6章（SHB）でも述べたように、英国では四大行による寡占の弊害が指摘されているが、リーマンショック後に合従連衡が進み、四大行の規模が大きくなったこともFSAの機能を分割した要因の一つとされている。

2013年、FCAとPRAは競争を促すため、新規参入行に対する資本規制や流動性規制を緩和した。両機構は新銀行設立局（New Bank Start-up Unit）を設置、新規参入行への支援体制を整えた。英国における新しい銀行の設立はそれ以前にもあったが、2013年以降にネット専業のデジタル銀行が次々と誕生したのはこの影響が大きい。

そうした銀行には、主に個人向け業務を営むモンゾバンク、個人に加え中小企業向けの業務も手がけるアトムバンク、スターリングバンク、中小企業・ベンチャー企業向け融資に特化したオークノースバンクなどがある。デジタル銀行設立の流れは欧州大陸にも伝播し、ドイツでN26が設立され、スウェーデンではクラーナが銀行免許を取得した。一方、本国の銀行免許をもたないものの、銀行業務あるいはそれに近いサービスを提供するスタートアップ企業には、レボリュート（英）、ワイズ（旧社名トランスファーワイズ）（同）、チャイム（米）などがある。学術的に確定した呼称ではないが、一般に前者をチャレンジャーバンク、後者をネオバンクと呼ぶ。

設立後数年で千万単位のユーザーを獲得

図表8－1で主なチャレンジャーバンクとネオバンクをみると、ワイズは国際送金、クラーナはECモール決済が主業務である。レボリュートは英国で銀行免許を申請中だが、リトアニアで免許を取得することで欧州各国で銀行業務を行っている。米国でのライセンス取得はハードルが高いとされる

図表8－1　主なチャレンジャーバンク、ネオバンク

本拠地		顧客	銀行免許	ユーザー数	企業価値
英国	Atom Bank	個人、中小企業	保有	n.a.	1,340億円 （2018年3月）
	Starling Bank	〃	〃	200万人	1,650億円 （2021年3月）
	Monzo Bank	個人	〃	500万人	1,800億円 （2020年6月）
	OakNorth	中小・ スタートアップ企業	〃	3.4万社	2,900億円 （2019年2月）
	Revolut	個人	なし（注）	1,500万人	5,700億円 （2020年2月）
	Wise	個人（国際送金）	なし	1,000万人	5,180億円 （2020年7月）
ドイツ	N26	個人	保有	700万人	3,620億円 （2019年7月）
スウェーデン	Klarna	個人 （ECモール決済）	〃	9,000万人	4.7兆円 （2021年6月）
米国	Chime	個人	なし	1,200万人	1.5兆円 （2020年9月）
	Varo Money	〃	保有	270万人	n.a.
ブラジル	Nubank	〃	〃	4,000万人	5.1兆円 （2021年6月）

（注）　1．リトアニアで保有。
　　　　2．為替レートはポンド＝150円、ユーロ＝127円、スウェーデンクローナ＝12.7円、ドル＝103.5円、レアル＝19.1円で換算。
（出所）　各社ホームページ、Craft（企業価値）。

が、2020年にバーロマネーが国法銀行免許を取得した。

　ユーザー数は、クラーナが9,000万人、ブラジルのヌーバンクが4,000万人に達したほか、レボリュートが1,500万人、チャイムが1,200万人をもつ。クラーナ（2005年）を除く各社の設立は2011年以降だが、数年でこれだけのユーザーを獲得したのは、各々のビジネスモデルが顧客ニーズにマッチしていたためであろう。

　図表8－1の各社はすべて非上場だが、毎回の増資時に、資本調達に応じた投資家が判断した企業価値を発表している（上場会社でいえば時価総額に当たる）。その額は、クラーナが4.7兆円、ヌーバンクが3.1兆円、チャイムが1.5兆円である。レボリュートやワイズも5,000億円台にあり、日本でいえば地銀上位行に匹敵する。

両者の違いは銀行免許と預金保険の有無

　もともと、銀行業務やその周辺業務に参入したフィンテック企業は、新しい形態の銀行という意味で、ネオバンクと呼ばれていた。2017年頃から、ネオバンクのうち銀行免許を取得したものが、チャレンジャーバンクと呼ばれるようになった。両者の違いは、銀行免許の有無と預金が預金保険の対象になっているか否かにある。

　チャレンジャーバンクやネオバンクは、個人にとってメイン口座ではなくサブ口座として使われるのが一般的で、送金にせよ決済にせよ少額の取引が主体である。したがって、チャレンジャーバンク、ネオバンクいずれであっても日常の取引で個人が銀行免許の有無を意識することはない。

　しかし、いったん金融システム不安が起こると、銀行免許の有無と預金が預金保険でカバーされているかどうかは利用者にとって大きな関心事項となる。日本でも、現在、資金移動業者に給与振込みの取扱いを解禁するかどうかの議論が行われているが、労働組合側から金融システム不安時の資金保全に関する懸念が表明されているのはこのためだ。銀行免許をもたず、預金保険制度にも加入していない欧米のネオバンクは、利用者保護のため既存の銀

行と提携、預金の再預託などで実態的な利用者保護を行うケースが多い。

日本における「新たな形態の銀行」との違い

現在、チャレンジャーバンク、ネオバンクの総数は世界で100を超えるとされる。本章と第9章、第10章では、ユーザー数や企業価値で上位にあるチャレンジャーバンク、ネオバンクを取り上げ、各社のビジネスモデル、収益構造を分析し、邦銀への示唆を考察する。

具体的にはまず、デビットカードと海外送金でユーザー数が大きく伸びたレボリュートとN26を論じる。次に、特徴のあるビジネスモデルをもつオークノース、クラーナ、ヌーバンク、チャイム、ワイズに触れる。中国のアリババ（アントグループ）やテンセントに関しては、社会制度や金融包摂の違いがあることから、日本との単純な比較は適当ではないと思われ本書では取り上げない。

日本では1990年代以降、流通や電機、通信、ECモール、証券、ノンバンクなどを母体とする「新たな形態の銀行」が数多く設立されている。そのなかでネット専業銀行は、チャレンジャーバンクに、資金決済アプリや資金移動業者はネオバンクに分類されるかもしれない。しかし、日本でそうした呼称は一般的ではない。

チャレンジャーバンクの語源は、英国での誕生の経緯から「既存銀行による寡占の弊害打破に挑戦するベンチャー企業」にある。日本では既存銀行の収益性が過当競争で削がれているという別の要素があることと、「新たな形態の銀行」のほとんどが既存銀行への挑戦というより、母体企業の営業戦略の延長線上で設立されたという違いがある。収益面ではチャレンジャーバンク、ネオバンクのほとんどで創業赤字が続いている一方、日本の「新たな形態の銀行」では黒字が定着している。

　　レボリュート：急成長の原動力

創業 6 年でユーザー数は1,500万人

　2015年の創業から 6 年弱で、1,500万人の個人顧客と50万社の法人顧客を集めたレボリュート（Revolut、非上場）は、チャレンジャーバンク、ネオバンクのなかで最も成功した企業の一つとしてメディアの注目を集めている。これまでに調達した資本は9.2億ドル（952億円）、企業価値は2020年 2 月時点で55億ドル（5,700億円）、従業員数は2,260人。

　同社は海外送金業務に強みをもつが、現在ではその枠を超える世界的な金融プラットフォーマーを目指している。アプリは日本を含む35カ国以上で利用でき、30以上の通貨に対応している。2018年、欧州中央銀行からの銀行ライセンスをもとにリトアニア当局から銀行開設の認可を得て、2020年から同国で銀行の営業を開始した。

　その後、ユーロ圏の単一パスポート制度（ある国で免許を得た金融機関は他国でも営業ができる）のもとで、業務をポーランドに広げた。2021年 3 月には銀行としての営業地域に、新たに10カ国（ブルガリア、クロアチア、キプロス、エストニア、ギリシャ、ラトビア、マルタ、ルーマニア、スロバキア、スロベニア）が加わった。本国の英国では銀行ライセンスを得ていないため本書での分類はネオバンクとするが、同社は2021年 1 月、英国当局に対して正式に免許申請を行った。また、 3 月には、米国でもFDICとカリフォルニア州に銀行免許を申請している。

　投資銀行出身のニコライ・ストロンスキー氏とヴラッド・ヤッツェンコ氏がレボリュートを設立したのは、海外出張時にクレジットカード決済や外貨両替、外貨送金でかなりの手数料を払っていることに気づいたため。その額は円換算で、年間数万円から数十万円に達していた。高い手数料をスマホア

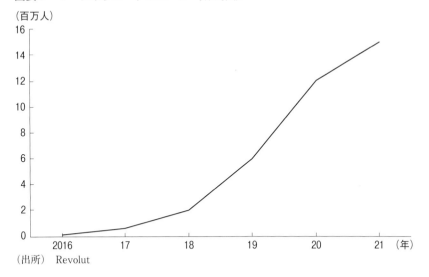

図表 8 － 2 　レボリュートのユーザー数の推移

（百万人）

（出所）　Revolut

プリで一挙に減少させるのがレボリュートのビジネスモデルだが、その人気はユーザー数に現れている。2016年には10万人だったユーザーは、2018年に200万人、2020年には1,200万人に急増し、2021年3月現在1,500万人まで拡大した（図表8－2）。

　2019年時点で、1日平均で1万2,000人がログイン、1人当りの預金額の平均は305ポンド（4万6,000円）、利用者の平均年齢は34歳、うち60％が男性である。同社の利便性が、ミレニアル世代から高い評価を受けていることになる。預金残高からは、レボリュートがメインバンクではなくサブバンクとして利用されていることがうかがわれる。

4種類の料金プランを用意

　主力の個人向け業務では、Standard、Plus、Premium、Metalの4つのプランが用意されている（図表8－3）。入門編のStandardは会費が無料であるが、Plus以上では会費が必要になる（サブスクリプション）。会費は月額だ

図表8－3　レボリュート　料金プラン（英国、月間）

プラン名	Standard	Plus	Premium	Metal
会費	無料	£2.99	£6.99	£12.99
円換算	〃	450円	1,050円	1,950円
英国での口座開設	無料	無料	無料	無料
欧州共通口座番号（IBAN）（注1）	〃	〃	〃	〃
ATM無料手数料（上限）	£200	£200	£400	£800
カスタマイズカード	×	○	○	○
カード払いキャッシュバック	×	×	×	0.1%（欧州） 1.0%（その他）
無制限国際送金 プラス	×	×	○	○
無料SWIFT送金（1回） 優先サポート	×	○	○	○
購入プロテクション（年間）	×	£1,000	£2,500	£10,000
口座への金利（最大）	×	0.4%	0.5%	0.65%
米株無料手数料（回数）（注2）	1	3	5	無制限
仮想通貨手数料	2.5%	2.5%	1.5%	1.5%
コモディティ投資手数料	1.5%	1.5%	0.25%	0.25%
無料為替手数料（上限）（注3）	£1,000	£1,000	制限なし	制限なし
旅行保険	×	×	○	○
空港ラウンジの利用	×	×	会員+1人	会員+3人

（注）　1．IBAN＝銀行口座の所在国、支店、口座番号を特定するための欧州標準。
　　　　2．制限を超える取引には1回当り£1をチャージ。残高には0.12%のカストディ
　　　　　アンフィーが必要。
　　　　3．平日のみ。
（出所）　Revolut

が、年払いにすれば割引がある。レボリュートは、Premiumをお勧めプラ
ンとしている。
　サービスの内容は以下のとおり。まず、本人確認の後、口座が開設され
る。その後、デビットカードが郵送される。クレジットカードの審査が厳し
い英国では、キャッシュレス決済の主力は非接触型のデビットカードであ

る。非接触型のカードは、端末にかざすだけで暗証番号なしで瞬時に決済ができる。

　レボリュートの上級プランでは自分でデビットカードのデザインが選べるほか、Metal会員には高級感のあるメタルカードが送付される。アプリ内にバーチャルカードをつくり、バーコードやQR決済を使用することもできる。カードの受取り後は、資金をチャージして使うことになるが、ここまでの機能は、日本における交通系ICカードなどと同じプリペイドカードにすぎない（ただし、Metalプランでは欧州での買い物で0.1％、それ以外の地域では１％のキャッシュバックがある）。

　ATMでの現金引出しに関しては、手数料無料の範囲がStandard、Plusの月間200ポンド（３万円）から、Metalの800ポンド（12万円）まで設定されている。日本の感覚からすれば金額が少ないようにも思えるが、キャッシュレス決済が進んだ英国では現金を使う機会が少ないため、特に支障はないようだ。

海外送金サービス提供で急成長

　レボリュートの急成長は、デビットカードではなく海外送金サービスの提供によるところが大きい。受取人がレボリュートユーザーの場合、国境を越えても携帯番号だけで原則無料で送金が行える。銀行口座に送金する場合はSWIFT経由になるため、銀行が設定した手数料が必要になる。ただし、Premium、Metal会員では月１回までは手数料が無料となる。

　外貨送金の場合、銀行経由であれば送金手数料に加え両替手数料が発生するが、レボリュートではStandard、Plus会員で月間1,000ポンド（15万円）まで手数料がかからない。Premium会員以上では金額にかかわらず、両替手数料が無料となる。送金の際に両替できる通貨は30種類以上で、基本的に銀行間為替レートの仲値（TTM）が適用される。

　会員間の無料送金は、日本でも資金移動業者のアプリで利用できるが、レボリュートはそれを国際的に広げた。日本におけるSWIFTを通じた銀行間

送金では、送金手数料が円換算で数千円、それに両替手数料が加算され、数日の期間を要する。こうした伝統的な手法と比較すれば、レボリュートの利便性が理解できるだろう。また、預金を通貨別に管理することも可能で、為替レートの変動をみながら自分に有利なタイミングで両替、送金することもできる。

　競合他社にないレボリュートの特徴の一つに、証券や暗号資産（仮想通貨）取引がある。証券取引の対象は米株（上場株＋ADR銘柄）で、Standard会員でも月1回なら無料で売買ができる。Metal会員になれば、無料の取引回数が無制限になる。手数料無料の株取引は米国のロビンフッドが有名だが、レボリュートも若い世代を引き付けているようだ。

　暗号資産取引では1.5〜2.5％の手数料が必要で、ビットコイン、リップルなど10種類が取引対象になる。商品取引では金と銀が対象だが、口座での取引であり現物を受け取ることはできない。

　海外旅行関係のサポートも、ユニークなサービスの一つだろう。Premium以上の会員には、自動的に旅行保険が付帯されるほか、同行者と一緒に空港でのビジネスクラスラウンジが利用できる。旅行保険は携帯の位置情報から会員の場所を把握し、自動的に適用される。

　レボリュートのサービスは、英国と欧州大陸との間を商用や私用で頻繁に往復する、あるいは送金、受取りのあるミレニアル世代に魅力的な内容といえよう。なお、個人事業主や中小企業向けにも同様なサービスがラインアップされている。

デビットカード主体から本格的な銀行業務展開へ

　2020年8月に発表されたレボリュートの2019年12月期決算（FY19）は、円換算で収入が224億円、経費が378億円で、最終利益は148億円の損失であった。最終損失はFY18比で3.2倍に拡大したが、それは顧客数の増加や米国、豪州、日本などへの進出（日本での事業形態は資金移動業者）により経費が増加したためである。収入の内訳はカードとインターチェンジ（銀行間手

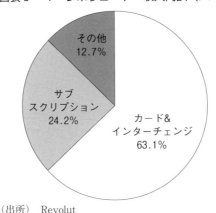

図表 8 - 4 レボリュート 収入内訳 (FY19)

（出所） Revolut

数料）が63.1%、サブスクリプションが24.2%、無料限度額を超えた場合の手数料などその他が12.7%（図表 8 - 4）。2014年に欧州議会で合意されたインターチェンジ手数料の上限は、クレジットカードが0.3%、デビットカードが0.2%でかなり低い。デビットカード事業だけで全体を黒字化するには、顧客にカードのヘビーユーザーになってもらう必要がある。

　ただ現状でのマネタイズの鍵は、無料のStandard会員に上級プランへのシフトを促すことだろう。FY19のサブスクリプション収入は前年比2.9倍になったが、全体の収入に占める割合は前年の23.2%と比較して微増にとどまっている。今後は、上級プランの魅力をどう高めていくかが重要な課題になると考える。

　FY19における収入のもう一つの特徴は、英国からの収入が全体の99.8%を占め、欧州大陸や他地域からの収入が小さいことだろう。レボリュートの企業理念は、アプリの独自開発と真の国際的デジタルバンクになることだ。英国ではセブンバンクなどと、欧州大陸ではN26、米国やアジアでも地場企業と競合しており、今後どう収入を増加させていくかが課題になる。実際、カナダではテストマーケティングを行ったが、既存の大銀行の壁を破れず撤退した経緯がある。

なお2020年12月、同社のニコライ・ストロンスキーCEOはCNBCテレビの
インタビューに答え、同年前半の収入はコロナ禍で前年同期比40%減少した
が、直近ではかなり回復したと述べた。経費の伸びを抑制したことと暗号資
産取引の増加で、11月単月では収益がブレークイーブン水準になったとして
いる。単月での収益のブレークイーブン化は、2018年12月にも達成していた
（年度では赤字）。今後、英米で銀行免許を取得すれば、預金保険付保により
預金が増加することが考えられる。増加した預金を消費者金融などに振り向
ければ、新たな収益源を獲得し、国際的な銀行としての基盤が固まる可能性
がある。

3　N26：デジタル金融の ワンストップショップ

欧州におけるチャレンジャーバンクの草分け

　N26は2013年に設立され、2015年に営業を開始した。欧州におけるデジタ
ル専業銀行、チャレンジャーバンクの草分けで、本社をベルリンに置く。
2016年にドイツの金融当局から銀行免許を取得し、預金は預金保険の対象と
なっている（10万ユーロ＝1,270万円まで預金保険の対象）。2021年3月現在の
ユーザー数は700万人、ベルリンのほかパリ、ニューヨーク、サンパウロな
ど世界7都市に拠点をもつ。業務は25カ国で展開されているが欧州大陸が中
心で、米国では銀行免許をもたないため既存の中小銀行と提携している。

　これまでの資本調達は累計78.3億ドル（8,100億円）、2019年7月時点での
企業価値は35億ドル（3,620億円）、主要な株主にはシンガポールのソブリン
ファンドであるGIC、中国のテンセント、ドイツの大手保険会社アリアンツ
のデジタル投資部門であるAllianz Xに加え、香港の富豪である李嘉誠氏が
会長を務めるHorizons Venturesも名を連ねる。

設立時の名称はNumber 26で、これはルービック・キューブが完成できる最低の手順である26回にちなんだもの（2016年にN26に改称された）。設立時のコンセプトは、「銀行の行列にさようなら、こんにちはモバイル銀行」。当初からミレニアル世代をターゲットとして、既存銀行がこれまでの業務をデジタル化しても追いつけないようなサービスの提供を目指している。

ドイツは、日本と並んでOECD諸国のなかで最もキャッシュレス決済比率の低い国の一つであるが、デジタル銀行であるN26の急成長は、レボリュートと違った意味で日本への示唆に富むと考える。なお、ドイツにおける現金指向の背景には、決済などの個人情報が別の場所で利用されることに不安をもつと同時に、借金を嫌う国民性があるといわれている。日本と同様の議論がされていることは、興味深い。

口座維持手数料やカード会費が無料

N26の業務をみるうえで欠かせないのはその手数料体系だろう。レボリュートと同様、プランには個人向けと中小企業向けがあるが、個人向けにはStandard、Smart、You、Metalの4種類が用意されている（図表8-5）。このうちStandardが手数料無料で、Smart以上のプランにはサブスクリプション・フィーが必要となる。

米国のチャイムにも共通するが、N26のマーケティング手法は「隠れた手数料なし」にある。邦銀と違い、欧米の銀行はリテール業務において、さまざまな場面で手数料を徴求している。ドイツでは既存銀行に普通預金口座を開設すると、平均で月間5ユーロ（635円）の口座維持手数料が必要となる。N26の個人顧客に対する最初のアピールポイントは、口座維持手数料なしである。邦銀では口座維持手数料の導入がなおも実験段階にあるが、ドイツでは銀行取引における商慣行になっている。N26のStandardプランでは、デビットカードは現物のカードではなくバーチャルカードになるが、それでも口座維持手数料なしは大きなアピールポイントになっている。

また、多くのドイツの銀行では年会費が必要になるデビットカードの会費

図表 8 - 5　N26　料金プラン（欧州、個人、月間）

プラン名	Standard	Smart	You	Metal
会費	無料	€4.90	€9.90	€16.90
円換算（€=127として）	〃	620円	1,260円	2,150円
口座手数料（注1）	なし	なし	なし	なし
デビットカード（注2）	バーチャル	カラフル	カラフル	メタル
2枚目のカード（注2）	×	可能	可能	可能
ATM無料引出し（欧州圏）（注3）	3回	5回	5回	無制限
ATM引出手数料（その他の国）	1.7%	1.7%	無料	無料
サブアカウントの作成	×	10まで	10まで	10まで
決済端数の自動貯蓄	×	○	○	○
電話でのサポート	×	○	○	優先サポート
パートナーからの割引	×	○	○	○
旅行保険（医療、荷物等）	×	×	○	○
自動車保険（オートバイ等）	×	×	○	○
自動車保険（レンタカー）	×	×	×	○
携帯電話保険	×	×	×	○

(注)　1．ドイツの既存銀行は平均で月€5をチャージ。
　　　2．2枚目のデビットカードの発行手数料は€10。表の項目のほかに当座貸越サービスがあり、1万ユーロまで金利は8.9%。
　　　3．ATMに加え、スーパーマーケットなどドイツ国内の約1万2,000の小売店での現金の出し入れが可能なCASH26がある。月€900までの引出しは無料、預入れは1.5%をチャージ。
(出所)　N26

も、N26では不要である。なお、デビットカードの盗難などに関しては、レボリュートと同様、スマホで支払を即時にブロックできる機能を提供している。

ドイツ国内の小売店で現金の受払いが可能

　ATMでの現金引出しはプランによって手数料無料の回数が異なるが、既存銀行は1回目から有料（5～7ユーロ程度）であることが多い。N26では

無料の回数を超えると1回当り2ユーロが必要となるが、それでも既存銀行より安い。

　現金社会であるドイツで、N26がユーザーから支持を受けているもう一つの理由として、CASH26の存在をあげることができよう。CASH26はスマホのバーコード、QRコードを通じて、スーパーマーケットなど国内の1万2,000近い小売店で現金の出し入れができる仕組みで、月900ユーロ（11万4,000円）までの引出しなら、何回でも無料で行える（預入れには1.5％の手数料がかかる）。CASH26の対象国はドイツのほかイタリア、オーストリア、ギリシャなどに広がっている。なお、You以上のプランなら欧州圏外でも無料でATMを利用できる。

　N26ではレボリュートと同様、デビットカードでの決済で端数金額の貯蓄口座への振替えが可能である。たとえば、4.50ユーロの買い物なら5.00ユーロが普通預金口座から引かれ、0.50ユーロが貯蓄口座に回る。レボリュートではジュニア・アカウントという名称で親の口座に子どもの口座をつけることができるが、N26では自分の口座を月々の決済用、あるいはバカンスの旅行費積立といった名目で、10個までのサブアカウントをつくることができる。

　個別の取引でN26に質問がある場合、Standardではチャットボットが使われ、Smart以上ではオペレーターによる電話対応が可能だ。言語はドイツの銀行でありながら、基本は英語である。なお、アプリは英語に加え、ドイツ語、フランス語、イタリア語、スペイン語の合計5言語に対応している。

　ユーザー間の資金移動が電話番号だけで無料で行えることや、その他の送金でも両替手数料が低いのは、レボリュートと同じである。レボリュートでは上級プランで、海外旅行保険や空港のラウンジ使用権などが付帯されるが、N26では旅行保険に加え、バイクなどの損害保険や携帯の紛失に備えた保険などが用意されている。

API提携でワンストップショップ化を実現

　日本ではあまり知られていないが、N26の重要な戦略に金融のワンストップショップ化がある。N26の商品ラインアップには、当座貸越やパーソナルローンがある。当座貸越は1万ユーロ（127万円）までで金利は8.9％、パーソナルローンは千ユーロから2万ユーロ（12.7万～254万円）までで金利は1.9％で、ともに事前審査が必要となっている。国際送金はレボリュートが自前で行っているのに対して、N26ではワイズと提携しており、利用者にはワイズと同じ手数料率が適用される（図表8－6）。

　ユニークなサービスとしては、ドイツのフィンテックベンチャーであるRaisinと組んだ高金利定期預金の紹介がある。定期預金の金利は、銀行によって差がある。各行の信用力やALMの違いに基づくものだが（預貸率が100％を超える国では預金獲得が重要）、預金保険の範囲内であれば金利が高いうえに安全な運用ができる。日本ではモラルハザードとの批判が出ることも考えられるが、銀行の資金調達ニーズをうまく利用した仕組みであるといえよう。

図表8－6　N26の提携先

業務	提携先	備考
デビットカード	Master Card（欧州）	米国ではVisa Card
国際送金	Wise	旧社名TransferWise
定期預金	Raisin	欧州の銀行から高金利預金を発掘、仲介
ロボアドバイザー（運用）	Vaamo	MoneyFarmの小会社
ロボアドバイザー（保険）	Clark	
保険（付保）	Allianz	

（注）　割引が受けられるパートナーには、アディダス、ブッキングドットコムなどがある。
（出所）　N26

資産運用におけるロボアドバイザーは世界各国で人気を得ているが、N26がドイツのベンチャーであるVaamoと提携して提供する、AIを使った保険選びも独特のサービスだろう。世界中で保険商品は生保、損保、第三分野とも非常に複雑になっており、個人にとってはなんらかのアドバイスが必要である。N26の取組みは、有人の保険相談窓口に行く時間がないミレニアル層にフィットする感がある。アリアンツとの提携は、N26の上級プランで付与する各種保険に対応したもの。なお、デビットカードは欧州でマスターカードと提携しているが、米国での提携先はビザカードである。

　N26のワンストップショップ化戦略は、自社のサイトをポータル（玄関口）として、提携先につなげることで利用者の小口金融のニーズを満たすことにある。

　欧州における第二次決済サービス指令（PSD2）は、銀行によるオープンAPIを求めている。銀行とフィンテック企業を結ぶオープンAPIの義務化に関して日本での協議では、銀行側は得るものが少ないとの意見が多かった。ただ、シンガポールのDBSは自らが住宅や自動車売買のポータルとなって、提携企業との共存共栄関係を築いている。N26は新規参入行として、口座情報の提供で失うものより、提携による新サービスで得るものが大きいと判断したと思われる。

　高金利預金仲介のRaisinや保険ロボアドバイザーのClarkにとっては、N26のブランドや700万人のユーザーが魅力的に映るだろう。国際送金のワイズはすでに自社ブランドを確立しているが、そのインフラをN26に提供することが事業や収益の拡大につながるという利点がある。銀行機能の一部を黒子として他社に提供する、BaaS（Banking as a service）のわかりやすい事例だろう。

IPOには財務情報開示に改善の余地

　2021年1月、ドイツのメディアはN26が将来のIPO（株式公開）を目指し、かつてオンライン小売業者のIPOを成功させた著名人を将来のCFOとして招

くなど、専門家の採用を進めていると報じた。優秀な人材の引き留めのためにも、IPOは必要だろう。一方、筆者がみる限り財務諸表の開示は十分ではない。ドイツの当局は、N26の自己資本比率や不良債権などリスク要因をドイツ語で開示しているが、収益の開示は経営陣によるブログに頼る状態になっている。

　同じ1月、CEOのヴァレンティン・シュタルフ氏とCFOのマクシミリアン・タエンサール氏（この2人が共同創業者）は、2019年12月期（FY19）と2020年12月期（FY20）の決算概要を発表した。それによると、FY19の総収入は1億ユーロ（127億円）で、FY18の4,360万ユーロから2倍以上の伸びとなった。内訳はサブスクリプションや決済など手数料が47.5％、小口貸出などからの純金利収入が9.3％（図表8－7）。それ以上の開示はないが、残りの43.2％は提携企業からの収入が含まれるように思える。

　FY19の税引き後利益は1.65億ユーロ（210億円）の損失で、これは総収入の1億ユーロより大きい。この年は、進出した米国で2,500万ユーロ、英国で2,790万ユーロの投資を行っている。FY20に関しては収入に触れていないが、当期損失が1.1億ユーロ（140億円）に縮小した。

図表8－7　N26　収入内訳（FY19）

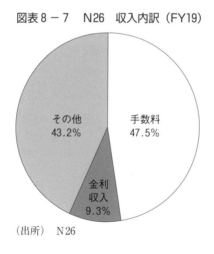

（出所）　N26

競争激化のなかで独自性の発揮が鍵

2020年2月、N26は英国市場からの撤退を表明、同年4月をもって営業を停止した。プレスリリースによれば、英国のEU離脱によりパスポーティング資格がなくなり、英国で銀行としての業務ができなくなることを理由としている。しかし、N26が英国で業務を開始した2018年には英国のEU離脱が正式に決まっており、わずか2年での撤退には別の理由があったと考えるのが自然だろう。

いくつかのメディアは、英国でユーザーが思うように伸びなかったためと推測している（BBCによれば20万人）。同国ではレボリュートのほか、モンゾバンクなどと競合しているが、N26は独自性を発揮できなかったようだ。他方、英国からの撤退が、FY20における当期損失縮小の要因の一つとする見方もある。

レボリュートと同様、N26が戦略市場とする米国は、人口の面で欧州各国より懐が深い。ただ、チャイムやバーロマネーなどがすでに百万人単位のユーザーを獲得している。また、大手行だけでなく、リージョナルバンクもスマホバンキングの普及に注力しているなど競争は厳しい。国境をまたぐ人々の移動より国内での移動が多い米国で、両社のビジネスモデルがどう評価されるかが注目される。なお、2021年1月、N26はブラジルで銀行免許の一部（信用業務）を取得した。

第 9 章

チャレンジャーバンク(2)
―オークノース、クラーナ、ヌーバンク―

1 オークノース： 起業家のための起業家銀行

スタートアップ企業への貸出に注力

2021年3月、都銀懇話会は海外のデジタルバンクに関する調査をまとめた。報道によると、その概要は以下のとおり。「デジタルバンクは顧客基盤の拡大やコスト削減に成功しているものの、収益化に至っていないケースが多い。日本では、経営トップがビジョンを示してリーダーシップをとる必要がある」。

たしかに、これまでも述べてきたように、欧米のチャレンジャーバンク、ネオバンクの大半はデジタル専業で、創業赤字が続いている。そのなかで、設立から実質2年目で黒字化を達成した例外的な存在が、ロンドンに本拠を置くオークノース（OakNorth Bank、非上場）である。オークノースは2015年に英当局から銀行免許を取得し、営業を開始したチャレンジャーバンクで、勘定系システムにクラウドを取り入れた、欧州初の銀行とされる。

ビジネスモデルは一見すると単純で、ネットで調達した個人預金を、スタートアップ企業など中小企業に融資する。決済など他の業務を行っていないため、システム負担が軽く経費が抑えられるという特徴がある。貸出業務で他の銀行と違う点は、審査や途上与信で人工知能（AI）を駆使することにある。各決算期では貸倒引当金が繰り入れられているが、これまで貸出の償却を行ったことはない。

欧州で最も成長が速い企業

同行の2020年度版アニュアルレポートの表紙には、「Lending for Entrepreneurs, by Entrepreneurs」と記載されている。意訳すると「起業家のための起業家銀行」である。同行は、金融機関向けのリサーチ受託会社である

Copal Partnersの創業者であるリシ・コスラ氏とジョエル・ペルマン氏によって設立された。

　両氏は2005年、Copal社の増加運転資金調達のために、多くの銀行を訪ねた。Copal社は、十分なキャッシュフローと優良顧客を抱えていたにもかかわらず、すべての銀行から「コンピュータが「NO」といっている」といって門前払いされた。同社向けの貸出は金額が小さく、銀行としては事務手続を考えれば採算に乗らないと判断されたためである。その後、Copal社は銀行以外の投資家から資金を調達、3,000人の従業員を擁するまでに成長した。

　2014年、同社は格付機関のMoody'sに売却されたが、コスラ、ペルマン両氏は、スタートアップ企業のファンディング・ギャップを埋める新しい銀行の設立を企画した。オークノースは、スタートアップながら収益性・成長性の高い企業をMissing Middleと呼び、そうした企業へのファンディング・ギャップは世界中で1.3兆ドル（135兆円）に達する、と推計している。

　2020年12月期（FY20）の計数は、貸出が25億ポンド（3,750億円）、当期利益は5,000万ポンド（75億円）となっている。企業価値は2019年2月時点で、28億ドル（2,900億円）。株主にはソフトバンクグループのビジョンファンド（出資額4.4億ドル、455億円）や、三井住友銀行（出資額2,300万ポンド、34.5億円）が名を連ねる。オークノースはAI審査プラットフォームであるOak North Credit Intelligence Platformを外販しており、三井住友銀行や米国の大手地銀であるPNCなど7行がその顧客となっている。

　なお2020年3月、フィナンシャルタイムズ紙はオークノースを「欧州で最も成長が速い企業」の第1位に選定した。

高い貸出利鞘、OHRは28.2%

　オークノースは2015年に営業を開始したが、実質的な初年度は2016年12月期（FY16）になる。その時点での貸出ファシリティ（貸出＋コミットメントライン）は、3億ポンド（450億円）であったが、4年後のFY20には10倍以上の35億ポンドまで拡大した（図表9-1）。この間、預金は2億ポンドから

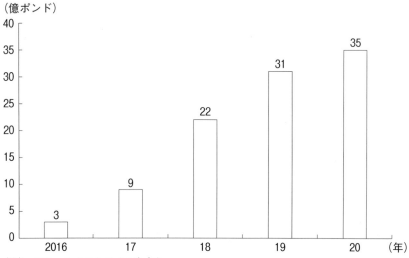

図表9－1　オークノースの貸出ファシリティ

（億ポンド）

（注）　コミットメントラインを含む。
（出所）　OakNorth

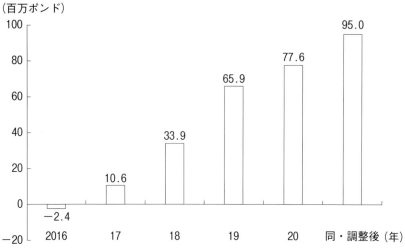

図表9－2　オークノースの税引き前利益の推移

（百万ポンド）

（注）　2020年調整後はCOVID-19関連経費を除く。
（出所）　OakNorth

23億ポンドに、業務粗利益は770万ポンドから1.4億ポンドに増加している。税引き前利益はFY16が赤字であったものの、FY17には早くも黒字転換、FY20では7,760万ポンド（116.4億円）を記録した。コロナ（COVID-19）関連の引当を除けば、9,500万ポンドに達する（図表9－2）。創業後5年間の急成長を受けて、コスラ共同創業者兼CEOは、FY21からは成長の第二段階に入ったと述べている（もう一人の共同創業者であるペルマン氏の役職は専務）。

　図表9－3で、オークノースの収益構造をみていこう。FY20における業務粗利益のうち、93.6％を資金利益が占める。貸出が主体の、シンプルなビジネスモデルである。貸出は1社当り50万ポンド（7,500万円）から5,000万

図表9－3　オークノースの業績、主要計数

（百万ポンド）	FY19	FY20
資金利益	95.8	131.1
手数料収益	8.5	9.0
業務粗利益	104.3	140.1
経費	32.1	39.5
減価償却	1.5	1.4
業務純益	70.7	99.2
貸倒引当金繰入	4.9	21.6
うちCOVID-19関連	—	17.4
税引き前利益	65.9	77.6
除くCOVID-19関連	—	95.0
当期利益	50.0	58.5
貸出	2,074.3	2,503.8
預金	1,986.6	2,313.6
BOE借入れ	182.0	181.8
ECLステージ3比率	1.95%	3.98%

主要計数	FY20
預貸金利鞘（NIM）	6.2%
担保付貸出割合	96%
LTV（不動産関連貸出）	54%
貸出金償却	0.0%

OHR	28.2%
ROE	19.3%
除くCOVID-19関連	23.6%
自己資本比率	22%

借入先	3.4万社
預金者	17万人

（出所）　OakNorth

ポンド（75億円）に設定されており、零細企業が対象というわけではない。借入先は3万4,000社、貸出利鞘（NIM）が6.2％、担保付貸出の割合が96％、不動産業に対する貸出ではLTV（貸出／担保価値）の平均が54％となっている。

　オークノースの収益基盤は、高いNIMにあることがわかる。オークノースが主力とするMissing Middle企業は、収益性や成長性が高いものの過去の銀行借入実績に乏しいことから、多少金利が高くても、資金調達のアベイラビリティーが重要になると思われる。

　具体的な開示はないが、一般的にスタートアップ企業が十分な不動産担保を保有しているとは考えにくく、担保には在庫や売掛金などさまざまな動産が用いられていると推定される。業種別貸出額の開示はないが、住居や商業施設など不動産業者向けに相応の貸出があると思われる。LTVからして、それらの貸出に関してはかなり保守的な運営がなされていると考える。創業以来、貸出金償却がない理由に関しては、別途考察したい。

　FY20では引当金繰入額がFY19比4.4倍にふくらんだが、コロナ関連を除くと減少している。日本の開示不良債権比率に相当するECL（予想損失）ステージ3債権の比率は、FY19の1.95％からFY20では3.98％に増加している。FY20のアニュアルレポートでは、ホテルや外食チェーン業界に注意が必要としているが、コロナ禍でこのあたりの事情は世界各国で共通だろう。

　FY20における預貸率は108.2％だが、不足分は中央銀行であるBOE（Bank of England）からの借入れでまかなわれている。預金者は17万人を数えるが、貸出金利が高いことで、預金金利も比較的高い水準を提供できることが強みになっている。

　OHRは既存銀行からみると驚異的な28.2％で、システム負担の相対的な小ささがうかがわれる。ROE、自己資本比率も高い。

AI審査のみに頼らず経営者との面談で与信判断

　オークノースの貸出を支えるOakNorth Credit Intelligence Platform（以

下、ON CI）は、外販商品であり、ホームページでデモ版をみることができる。ただ、詳細は開示されていない。アニュアルレポートなどで示されている基本コンセプトは、いままでの銀行の貸出審査がB/SやP/Lなど借入企業の「過去」のデータを基本としているのに対して、ON CIは企業の「将来」を予測することにある。この将来予測は、コロナ関連など過去のデータが役に立たない状況で威力を発揮する。

　ON CIは業種、地域で262のサブセクターを設定、そのサブセクターごとに経済のマクロシナリオによるストレステストを実施する。企業別に売上げ、営業経費、運転資金や設備投資などのデータを収集し、サブセクターの平均と比較する。データの収集は企業が財務内容をアップデートするたびに行われ、個別の信用力が計測される。データの収集から、信用力計測までは72時間以内に行われる。

　さらに、サブセクター別のストレステストに応じた財務の将来予測が実施される。途上与信ではアップデートされた財務情報に加え、マクロ情勢の変化も取り込む。

　ON CIは、先進的な銀行やフィンテック企業が研究しているAI審査モデルとかけ離れたものとは思えない。ただ、筆者が考える最大の違いは、オークノースではON CIによるAI審査だけで自動的に融資を行わず、最終判断は審査委員会が行うことにある。AI審査でわかることは、いわばハードの情報であり、経営者の資質などソフトな情報は銀行側が確認する必要がある。ハードな情報の収集は、借入先の会計アプリとAPIでつなげることにより可能になる。

　そして、融資の最終判断は審査委員会と企業経営者の面談の後に行われる。オークノース自体、スタートアップ企業であり、借入先企業経営者の熱意、事業アイデア、リスク感度、コンプライアンスなどに共感できる部分があるかが判断材料になっている。

　企業経営者との信頼関係の構築は、途上与信でも重要となる。ON CIがなんらかの変化を検知すると、オークノースの審査委員会は借入企業の経営者

がその変化に気づいていない場合でも、すぐに面談を行う。そこで経営改善への話合いをするのだが、こうした早めの手当が創業以来の貸出金償却がゼロという実績に結びついていると考える。

邦銀の中小企業向けスコアレンディングとの違い

　貸出金償却がゼロとはいえ、オークノースの取引先の破綻はある。2021年2月、フィナンシャルタイムズ紙は2015年の営業開始以降、オークノースの取引先のうち10社が破綻、10社への貸出総額は9,700万ポンド（145.5億円）にのぼると報じた。10社のうち2社が、不動産開発会社で、貸出額はそれぞれ4,100万ポンドと2,800万ポンドほどあり、合わせると全体の半額以上を占める。コスラCEOは同紙のインタビューに答え、10社のうち4社で貸出金の全額回収ができたと述べた。残り6社の回収率は平均で90％を超える見込みにあるが、その過程で初の貸出金償却が発生する可能性は否定できない。

　10社の破綻は、AI審査が完璧ではないことを示す。一方で、途上与信がうまく機能し、取引先企業との信頼関係も築かれていることがうかがえる。AI審査はあくまで手段であり、最終判断はあくまで人間が行うというのが、オークノースにおけるビジネスモデルの本質と考える。

　日本では消費者金融や住宅ローンなど個人向け貸出業務で、スコアレンディングが定着している。一方、中小企業向けのスコアレンディングではこれまで試行が繰り返されたが、与信費用が想定外にふくらみ、撤退を余儀なくされた事例が多い。失敗の理由として各種メディアは、与信判断が財務諸表のデータに偏りすぎており、SNSにおける情報などビッグデータが活用されていないことをあげている。スコアレンディングの初期段階では、粉飾決算を見抜けなかったことも失敗の要因の一つと思われる。いまは、こうした問題を解決するため会計ソフトと連動した審査や、預金口座の資金の動きをチェックする方法などが取り入れられている。

　現在のスコアレンディングでは、一般に「オンライン完結」がセールスポイントになっている。零細企業の経営者にとって、銀行の敷居は高いとされ

る。オンライン完結は利便性の高いサービスで、百万円単位の貸出であれば、最初からある程度のロスを見込む消費者金融的なアプローチは適正だろう。

　貸出が千万円の単位になっても、住宅ローンのように確かな担保があれば問題はないと考える。しかし、無担保で千万円単位の貸出を行うのは、いくらデータがそろっていてもリスクがあるのではないだろうか。オークノースの事例からは、一定額以上の貸出は財務やビッグデータというハード情報だけでは不十分で、経営者の人柄などソフト情報が必要だということがわかる。担保に関しては、時間がかかるが在庫や無形固定資産など、不動産にかかわる対象を、銀行業界をあげて検討すべきタイミングにきていると考える。

2 クラーナ：欧州最大のチャレンジャーバンク

企業評価額が2年弱で8.3倍に

　クラーナ（Klarna Bank、非上場）は、2005年にスウェーデンで設立されたECモールの運営会社である。2017年に銀行免許を取得し、業種的にはチャレンジャーバンクとなった。ECモールでの資金決済に、クレジットカード、デビットカードにかわるBNPL（Buy Now Pay Latter、後払い）という仕組みを取り入れたこの分野でのリーディングカンパニーである。

　2021年6月の増資時の企業評価額は456億ドル（4.7兆円）で、欧州のチャレンジャーバンク、ネオバンクでは最大。企業評価額は2019年8月の増資時に55億ドル、2020年9月には106億ドルだったので、2年弱で8.3倍になったことになる。

　BNPLに関しては、同業のアフターペイ（Afterpay、オーストラリア証取上場）も同じ期間で株価が約4倍となった。コロナ禍でECモールの売上げが

増えるなかで、新しい決済手段としてBNPLが市場から注目されていることがわかる。ECモールの運営会社が銀行機能をもったという点でも、クラーナは興味深い。

若い世代向けの小口決済手段として急伸するBNPL

クラーナのビジネスモデルを論じる前に、BNPLの仕組みについて簡単に紹介しておきたい。

第8章のレボリュートでも述べたが、欧州ではクレジットカードの審査が厳しく、実店舗の買い物では、非接触型のデビットカードが利用される頻度が高い。ECモールでの買い物も同様で、支払はデビットカードがよく使われる。しかし、デビットカードでの決済は、モールでの商品注文時に預金口座から即時に代金相当額が引き落とされる。商品がまだ届いていない段階で預金残高が減ることになるが、買い手としては、商品が届いた後に支払うほうが安心できる。後払いのほうが、返品の際の煩雑な手続を避けることもできる。

BNPLは商品が届くまでの期間としてたとえば14日、あるいは30日を設定し、商品が買い手の手元に届き、気に入ってから支払う手段を提供する。この間、買い手の手数料は発生しない。

売り手にとっては、デビットカード決済であっても銀行間の送金手続などで、実際に入金されるまで時間がかかるという悩みがある。BNPLでは、商品発送時に即座に売り手に入金される。売り手にとっては手数料が高くなるものの、資金繰りが安定するとともに、販売促進につながるというメリットがある。

一方、米国などクレジットカードが多用される国では、クレジットカードのリボ残高に対して15〜20％程度の金利がチャージされる。日本のようにクレジットカードでも1回払いが多い場合、金利を気にする必要はない。ただ、米国のように月々のミニマムペイメント以外はリボ払いにすることが多い場合、リボ残高の増加は金利負担だけではなく、クレジットスコアの悪化

につながる。この点、BNPLでは数回の短期分割払いメニューもあり、それを使えばリボ残高は増加しない。短期分割払いでも買い手に金利負担は発生せず、コストは売り手からの手数料でまかなわれる。

　BNPLが、デビットカードやクレジットカードをどの程度代替したかに関するマクロデータは見当たらない。ただ、オーストラリアの調査会社であるIBSWorldが大まかな傾向を示している（図表9－4）。同国におけるクレジットカードの枚数と、BNPL会社の収入を比較したものだが、2016～17年を境にクレジットカードの枚数が減少しているのに対して、BNPL会社の収入が急伸している。両者の因果関係は不明であり、必ずしも正確なデータ比較とはいえないが、マクロ的にはクレジットカードからBNPLへの移行があるように思える。クラーナやアフターペイの企業評価額（時価総額）の急伸は、今後、BNPLの利用がさらに増えると市場が判断しているためと考える。

　英国のFCA（金融行為機構）は2021年2月、「ウーラードレビュー：消費者金融市場の変化とイノベーション（The Woolard Review：A review of

図表9－4　クレジットカード数とBNPLの収入（オーストラリア）

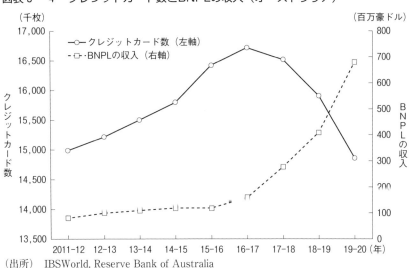

（出所）　IBSWorld, Reserve Bank of Australia

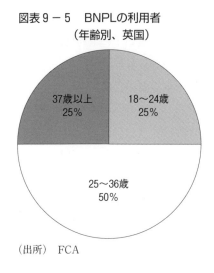

図表9-5　BNPLの利用者
（年齢別、英国）

37歳以上
25%

18～24歳
25%

25～36歳
50%

（出所）　FCA

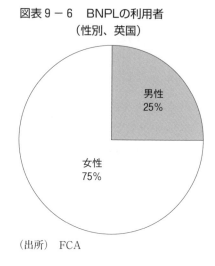

図表9-6　BNPLの利用者
（性別、英国）

男性
25%

女性
75%

（出所）　FCA

change and innovation in the unsecured credit market）」と題するレポートを発表した。クリストファー・ウーラード氏が主筆を務めるレポートはBNPLについても触れており、利用者の25％が18～24歳、50％が25～36歳との調査結果を掲載している（図表9-5）。また、利用者の75％が女性（図表9-6）であり、取引の90％がファッションとフットウエア関連、取引の平均額が1万円前後（£65～£75）としている。

　英国の事例であり他の国の動向はわからないが、一般論としてBNPLは若い世代に気軽な決済手段を提供していると考える。BNPL会社にとって、短期分割払いは個人に対する信用供与だが、リスク管理の観点では小口分散が効くことになる。

BNPLのリーディングカンパニー

　クラーナの現CEOのセバスチャン・シエミアトコウスキー氏など3人の創業者は、2005年、BNPLにつながるアイデアで、ビジネススクールのStockholm School of Economicsの起業家アワードを受賞。その年、エンジェルファンドからの投資を得て同社が設立された。営業地域をスウェーデンか

らノルディック諸国、ドイツ、英国、米国、オーストラリアなどに順次拡大、2020年末時点で17カ国に拠点をもつ。2017年にはスウェーデン当局から銀行免許を取得しており、欧州諸国では銀行として業務展開をしている。

クラーナへの投資家には欧州のベンチャーキャピタル数社のほか、米国の機関投資家であるブラックロックやウエリントン、クレジットカード会社のビザ、シンガポールのGIC（ソブリンファンド）、中国アリババ傘下のアントグループ、オーストラリアのCommon Wealth Bank of Australiaなどが名を連ねる。ECモールの加盟店は25万社で、ファッションではセオリー、ラルフローレン、カルバンクライン、H&M、デパートではメーシーズ、ブルーミングデール、フットウエアではフットロッカーやアディダス、化粧品ではセフォラ、家電ではボーズやレノボなどが含まれる（加盟店は国によって異なる）。

BNPLの有力企業は世界的にみて、クラーナ、アファーム、アフターペイの３社がある。このうちアファームは米国のナスダック市場、アフターペイはオーストラリア証取に上場している。図表９−７のとおり、クラーナがアクティブな利用者数、企業価値とも最大で、営業地域も広い。

アファームとアフターペイは後発だが、BNPL利用者の増加で急成長を遂げている。特にアフターペイは、設立後６年で３兆円近い時価総額をもつまでになった。最終利益は３社とも赤字だが、創業赤字が続いているとみていいだろう。

４つの支払方法を提供

クラーナで商品の買い手が購入代金を支払う方法としては、通常のクレジットカードやデビットカードでの決済、長期分割払い、BNPLの４種類がある（図表９−８）。

このうち長期分割払いは伝統的な割賦販売と変わりはない。最大36カ月の分割払いで、買い手が金利を払う分、売り手の手数料は低くなる。この支払方法の場合、信用情報センターで通常の貸出チェック（ハードクレジット

図表 9 － 7　BNPL 3 社の比較

	クラーナ	アファーム	アフターペイ
設立	2005年	2012年	2015年
業種	銀行	フィンテック	フィンテック
本社	スウェーデン	米国	オーストラリア
本社以外の営業地域	ドイツ、米国、英国、オーストラリアなど16カ国	カナダ	米国、英国、カナダ、ニュージーランド
アクティブな利用者数	9,000万人	450万人	990万人
加盟店	25万社	―	5.5万社
1 日当り取引数	200万件	―	―
従業員数	3,500人	1,200人	650人
決算（円換算）	FY20	CY20（注）	FY6/20
経常収益	1,270億円	692億円	438億円
当期利益	－174億円	－101億円	－19億円
企業価値（時価総額）	4.7兆円	1.9兆円	2.9兆円
上場市場	非上場	NASDAQ（AFRM）	ASX（APT）

（注）　アファームとアフターペイは 6 月決算。アファームの計数は2020年暦年、アフター
　　　　ペイはFY6/20。クラーナの企業価値は2021年 6 月の増資時のもの。アファームとア
　　　　フターペイは、同 3 月末の時価総額。
（出所）　各社

チェック）が必要となる。個人にとっては借入残高が増えるため、クレジッ
トスコアは悪化する。

　BNPL方式での支払については 3 つのパターンが用意されている。基本は
支払の14日ないし30日間の猶予、もしくは 3 ～ 4 回の短期分割払いである。
消費者の信用審査に関しては、名前や住所、購入履歴を参考にする。信用情
報センターにもアクセスするが、センターに買い手の借入れが増えたことは
報告されないので、各人のクレジットスコアに影響しない。これをソフトク

図表 9 - 8　クラーナの支払方法

	直接支払	30日以内（注1）	短期分割払い（4回）	最大36カ月の長期分割払い
適用地域	欧州、米国、英国	欧州、米国、英国	米国、英国（注2）	欧州、米国、英国
購入者の支払方法	一括 クレジットカード、 デビットカード、 銀行振込みなど	一括 同左	購入時　1/4 2週間後　1/4 4週間後　1/4 6週間後　1/4	6～36カ月 月次
購入者の金利	0 %	0 %	0 %	最大　18.99% 最大　29.99% （米国の場合）
延滞手数料（米国）	―	19.99%	$7.00	$35.00
加盟店手数料				
スウェーデン	SEK2.00＋1.35%	SEK5.20＋2.79%	―	SEK5.90＋0.99%
英国	―	£0.20＋2.49%	£0.20＋5.40%	
米国	―	$0.30＋5.99%	$0.30＋5.99%	$0.30＋3.29%
加盟店への入金	注文後14営業日	商品の発送時	商品の発送時	注文後14営業日
最大遅延		3営業日 （英国では18日）	3営業日	―

（注）　1．ほかに各国で14日以内の支払がある。スウェーデンの加盟店手数料は14日以内
　　　　　のもの。
　　　　2．英国では 3 回分割（発送時、30日後、60日後）がある。加盟店への支払遅延は
　　　　　最大18日間。
（出所）　Klarnaのホームページから筆者作成。

レジットチェックと呼ぶ。支払を延滞した場合には手数料が必要となり、ク
レジットスコアも悪化する。

　加盟店には、商品の出荷段階で手数料を控除した金額を入金する。手数料
率は国によって異なるが、米国の場合30セント＋5.99％となる。クレジット
カードでの決済の場合、銀行間送金手数料（インターチェンジフィー）を含め
た加盟店手数料は 3 ～ 4 ％程度とされる。クラーナの手数料はそれより高く
なるが、販売促進効果があることから、加盟店に受け入れられている。同社
のホームページによれば、米国で 4 回の短期分割払いを選択する消費者から

は、注文の金額が平均で45％増加したほか、モールの加盟店にアクセスする回数が20％増えた。また消費者のうち44％は、４回払いでなければその商品を購入しなかったと回答している。

FY18までは黒字もその後は第二の創業赤字

図表９−９はクラーナの業績動向を示したものである。FY18までは最終損益の黒字が続いていたが、FY19、FY20では赤字基調になっている（FY20の最終赤字は円換算で175億円）。FY18からFY20までの２年間で貸出、預金と

図表９−９　クラーナの業績推移

(単位：百万SKE)

	FY18	FY19	FY20	２年間の増減（％）
資金利益	1,801	2,427	2,664	47.9
役務収益	3,671	4,756	7,098	93.4
その他	− 21	− 28	238	—
業務粗利益	5,451	7,155	10,000	**83.5**
経費	4,504	6,381	9,098	**102.0**
業務純益	946	774	902	**−4.7**
与信費用	786	**1,862**	**2,531**	222.2
当期利益	105	**−902**	**−1,376**	—
顧客向け貸出	19,979	29,655	41,718	108.8
預金	14,581	12,287	30,835	111.5
OHR	82.6％	89.2％	91.0％	8.4
ROE	3.9％	− 2.7％	− 2.7％	—
ステージ３比率（注１）	4.4％	3.0％	2.3％	− 2.1
CET１比率	10.8％	28.1％	29.5％	18.7
従業員数（注２）	1,713	2,248	3,238	89.0

（注）　１．2020年の貸出比引当率は4.61％。
　　　　２．2020年の内訳はスウェーデン1,950、ドイツ780、米国241、英国123、オーストラリア25など。
（出所）　Klarna Bank

も倍増、業務粗利益も83.5％伸びたが、経費がそれ以上に増加した。不良債権（ステージ3）比率は減少しているものの、与信費用の絶対値が増加している。会社側の説明によれば、経費増の主因は米国やオーストラリアなど新しい市場への進出に伴うもの。一般論として、2回目の創業赤字といえるかもしれない。

現在のクラーナの戦略市場は米国であるが、ECモールでの資金決済ではすでにペイパルが地位を確立しているほか、同業のアファームやアフターペイとも競合する。FY20でのOHRは90％を超えており、これをどう改善していくかが今後の課題となるだろう。なお、FY19で前年比のCET1比率が大きく改善しているのは、増資によるものである。

消費者金融的発想で小口金融の担い手に

BNPLの本質はECモール加盟店の販売促進策としての、若年層への小口信用の供与である。小口であるために分散が効くというのは、日本の消費者金融業界の発想に近い。また、クレジットスコアに悪影響が出れば新たな借入れがむずかしくなるという仕組みも、消費者金融的である。

そうした歯止めがあるものの、気軽なスキームから若年層が負債をふくらませる懸念がある。メディアには、延滞した場合の手数料が高いとの批判がある。前述したウーラードレビューは、BNPL業者になんらかの規制が必要と指摘している。

後払いは信用供与でありながら、信用情報センターに登録されない。したがって、複数の店舗でBNPLを利用して買い物をしている消費者は、潜在的に負債を蓄積していることになる。消費者が負債をふくらませないようにするために考えられる方策としては、一人当りの与信限度額の設定、債務不履行者への業界共通の体系的アプローチなどがある。クラーナは、こうした提案に対して前向きに協力する方針を示している。今後、国にかかわらずなんらかの社会的な問題が発生すれば、規制が導入され業界の急成長にブレーキがかかることもありうるだろう。このあたりの状況も日本の消費者金融業界

がたどってきた経緯と既視感がある。

　日本ではクレジットカードが普及しており、その保有率は8割を超えるとされる。また、大学生の6割がクレジットカードを保有しているとのアンケート調査もある（学生のクレジットカード利用先のトップは、オンラインショッピング）。1回払いとリボ払いの割合に関する調査では、全体で4人に3人がリボ払いを利用したことはないと答えており、1回払いが主流である。そもそも1回払いは「手数料がない後払い」であり、日本では実態的にBNPLがすでに普及していることになる。

　図表9−7のとおり、世界の大手3社は日本に進出していない。リボ払いに関しては日本でも金利が高い水準にあるが、利用者がいることはたしかである。将来、この部分がBNPL業者に置き換わる可能性は否定できないだろう。

　なお、日本でも銀行がECモールをもてるようになったが、消費者のニーズにあった魅力的なモールを構築し、適切に運営ができるかは別問題だろう。

3　ヌーバンク：
開業後6年で顧客数第6位の銀行に躍進

企業価値で世界屈指のチャレンジャーバンク

　ブラジルのサンパウロに本拠を置くヌーバンク（Nubank）は、2013年の設立から6年後の2019年に顧客数で同国第6位に急成長した、チャレンジャーバンクである。2021年6月の増資時における企業評価額は300億ドル（3.1兆円）で、中南米で最大となっている。世界的にみても、クラーナの456億ドルに次ぐ屈指の存在である。

　創業者はコロンビア出身のデイビッド・ベレサ氏（現CEO）、米国出身の

エドワード・ワイブル氏（現CTO）と、ブラジル出身のクリスティーナ・ジュンケイラ氏。3人とも、米国で教育を受けている。ヌーバンクは当初、クレジットカードの発行会社として発足し、2018年に銀行免許を取得した。

ヌーバンクは、2013年にベレサCEOがブラジルの銀行で受けた、「ひどい経験」がきっかけとなり設立された。メディアのインタビュー記事によれば、銀行口座を開設しようとある支店に出かけた同氏は、まず空港のようなセキュリティーチェックでかなりの時間を費やした後、支店でサービスを待つ人々の長い列で45分以上も待たされた。やっと支店の窓口にたどり着いた同氏は、そこから担当者に電話をしなくてはならなかった。

結局、口座開設まで4カ月を要したが、中南米ではどこでもみられるような非効率で官僚主義的な銀行の対応に、何かできないかと考えた。ゴールドマンサックスのアナリストからキャリアをスタートしたベレサ氏は、直前に在籍していた投資ファンドであるセコイアキャピタルなどからの出資を受け、ヌーバンクを設立した。ヌーバンクのNuはポルトガル語で裸を意味するが、隠れた手数料のない「透明」な銀行を目指すという意気込みを示す。

インフレ下で個人負債が多いブラジル

ブラジルの政策金利は2021年6月時点で4.25％だが、10年物国債金利は9％を超えている。ブラジル中銀によれば2014年から2019年の間、銀行のNIM（資金粗利鞘）は6％前後で安定的に推移しており、0.6％台にある邦銀（FY20中間決算。全銀協・全国銀行財務諸表分析）とは様相を異にする。物価がインフレ基調にあるか、デフレ基調にあるかが、銀行収益に大きな影響を与えるのは周知のとおり。事実、ブラジルの銀行のROEはFY18時点で日本の2倍以上の水準にある（図表9－10）。市場収益や与信費用があるので、ROEは必ずしもトップライン収益の多寡を示すものではないが、違いは明白だろう。

ブラジルの金融システムのもう一つの特徴は、大手行による寡占にある。四大行（Itau Unibanco、Bradesco、Banco do Brasil、Caixa）にサンタンデー

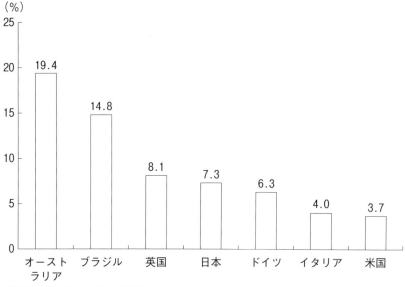

図表9－10　銀行のROE比較（FY18）

(%)

（出所）　ブラジル中銀（FY18）

ル・ブラジルを加えた五行の総資産シェアは82％で、寡占による弊害が問題になった英国の48％より高い（図表9－11）。日本の五大行のシェアが高いのは海外を含めた連結資産を対象にしているためで、国内だけでみた場合、違うものになると思われる。銀行のROEと五大行の総資産シェアに、明確な相関関係があるとはいえないが、ブラジルのメディアは、同国の銀行は恵まれた環境にあると評することが多い。

　ブラジルの人口は約2.1億人だが、ブラジル中銀のBanking Reportによれば2017年末で約5,000万人がクレジットカードを保有している。サンパウロの調査会社であるABACOリサーチによれば、ブラジルでは成人の60％がなんらかの負債を抱えているが、金額の76％はクレジットカード（リボローン）、15％が分割払いの利用によるものである。ほかに自動車ローンが11％、消費者ローンが10％など（複数回答）となっている。給与や年金が入金されるまでの、つなぎローンもある。

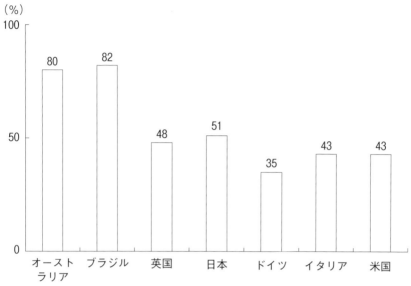

図表9－11　五大行の総資産シェア（FY16）

（％）

（出所）　ブラジル中銀（FY16）

　経済が全体としてインフレ基調の国では、商品を値上り前に購入し、その後に支払うことは合理的である。ABACOリサーチによれば2018年における、国民一人当りの負債は1,177ドル（12万2,000円）だが、これは同国の月間最低賃金の4.4倍に相当する。

　ブラジル中銀のデータによれば、5,000万人のクレジットカード利用者のうち1,550万人が定期リボ払い（毎月最低額を支払）、250万人が不定期リボ払い（それ以外）を利用している。問題は金利で、2018年3月の時点で定期リボ払いが11％、不定期リボ払いが14％前後となっている（図表9－12）。ここで注意すべき点は、この金利は年利ではなく月利であることだろう。2018年は制度変更があったため低い金利となっているが、年によって年利が200％から500％に達する。ここまで金利が高いと、支払が遅延したり個人破産が増えるという弊害がある。高い与信費用が高い金利につながるという、悪循環もみられる。

図表 9 - 12　ブラジルの平均リボ金利（月利）

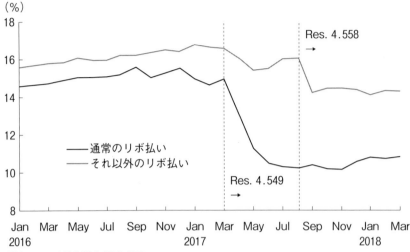

（注）　Res.は技術的な制度変更。
（出所）　ブラジル中銀

銀行免許取得で顧客増に弾み

　ヌーバンクが最初に導入したのは、スマホで申込みと審査が完了、その後にクレジットカード（マスターカードと提携）が郵送されるというサービスである。年会費がゼロで、リボ金利が既存の銀行より安いクレジットカードは消費者の人気を呼び顧客が増加した。メディア報道によると、リボ金利は他行より2割から3割程度低いが、それはデジタル専業でコストが抑えられているためだとされる（それでも、他行の金利が200％なら、ヌーバンクの金利は140〜160％となる）。

　審査では、信用情報センターを利用していると思われる。ブラジルでは、クレジットカード保有者は一人当り3〜4枚のカードをもつのが普通だが、ヌーバンクでは1枚しかもたないカード初心者が多いとされる。ブラジル全体が景気後退に見舞われた2016年には、カードにポイントなどインセンティブプログラムを付与、会員数をさらに増加させた。

194

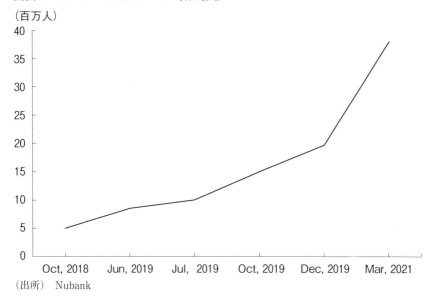

図表 9－13　ヌーバンクユーザー数の推移

（百万人）

Oct, 2018　Jun, 2019　Jul, 2019　Oct, 2019　Dec, 2019　Mar, 2021

（出所）　Nubank

　2018年に銀行免許を取得すると、個人・中小企業向けに預金・送金と小口貸出サービスを開始した。貯蓄預金に他行より高い金利を付したため、預金を含めた顧客数の増加に弾みがついた。2018年に500万人だった利用者は、2019年12月にはほぼ2,000万人に達し、数のうえではブラジルで五大行に続く第6位に躍進した。2021年6月時点の利用者は4,000万人と、急拡大が続いている（図表9－13）。顧客数のうちどの程度がクレジットカードの会員なのか、預金者なのかの開示はないが、クレジットカードに関しては累積の発行枚数は2020年3月時点で国内第7位との報道がある。

　ブラジルで銀行口座をもたない人は5,500万人との推計があり、デジタル専業であるヌーバンクの成長余地は今後も大きいと思われる。なお、同行はメキシコとコロンビアへ進出している。

金融包摂のビジネスモデルが評価

　ヌーバンクが銀行として1年をとおして営業したのはFY19とFY20の2年度になるが、開示計数を日本基準に組み直したのが図表9−14である。同行の収益源であるクレジットカードの加盟店手数料と、リボ払いおよび小口貸出からの金利収入が増加、業務純益は1年で2倍以上となった。ただ、与信費用が業務純益を上回る状況に変わりはなく、最終利益は赤字が続いている。その額は（ブラジルレアル、1 BRL=19.1円として換算）FY19が60億円、FY20が44億円で赤字額は縮小している。最終利益をみる限り、企業価値の3.1兆円はかなり先までの業績を織り込んだものと思われる。

　インフレとデフレという違いがあり、ヌーバンクの経験は日本への示唆が少ないとの見方がある。だが、その戦略には学ぶべきものが多い。既存銀行が高収益を誇るブラジルでは、その牙城を切り崩すべく、数多くのフィンテック企業が生まれた。そのなかでヌーバンクが成功したのは、顧客側に立ったサービスの提供と、テクノロジーの内製化に加え、クレジットカード

図表9−14　ヌーバンクの業績推移

（単位：百万BRL）

	FY19	FY20	増減（%）
資金利益	549	891	62.5
役務収益	728	1,309	79.8
その他	465	596	28.2
業務粗利益	1,741	2,796	60.6
経費	1,502	2,252	49.9
業務純益	239	544	**127.5**
与信費用	693	849	22.6
当期利益	**−313**	**−230**	−26.4
OHR	86.3%	80.5%	−6.6

（出所）　Nubank資料をもとに筆者作成。

や銀行口座をもたない消費者へのアプローチが評価を得たためと考える。日本でもフリーランスや外国人労働者など、銀行サービスが十分に行き届いていない市場は存在する。

　なお、ヌーバンクに対抗して既存銀行もデジタル化に注力しているほか、海外からの新規参入もみられる。2021年1月、ドイツのＮ26がブラジル中銀から信用業務の認可を得た。Ｎ26はフルバンキングのライセンス取得を目指すとみられるが、チャレンジャーバンクへのチャレンジという新しい構図がみられそうだ（興味深いことに、ヌーバンクはテクノロジー拠点をＮ26の本社があるベルリンに置いている）。

第 10 章

チャレンジャーバンク(3)
―チャイム、ワイズ、総括―

1 チャイム：米国ネオバンクの覇者

コロナ禍で個人のメインバンクがデジタル銀行にシフト

コロナ禍で日本では10万円の特別定額給付金が支給されたが、米国では2020年4月に年収7万5,000ドル（776万円）未満の納税者に最大1,200ドル（12万4,000円）、2021年1月には600ドル（6万2,000円）が支給された。同年4月には年収基準の調整があったものの、3回目として1,400ドル（14万5,000円）が支給された。合計額は最大で3,200ドル（33万1,000円）に達するが、この間に個人がメインバンクと考える銀行に大きな変動が起きた。

金融機関向けのコンサルティング会社であるCornerstone AdvisorsとStrategycorpsの調べによると、2020年1月と12月の比較で、個人業務におけるメガバンク（バンク・オブ・アメリカ、JPモルガンチェースとウェルズファーゴの3行）のシェアが39％から32％に低下した一方、デジタル専業行のシェアが4％から11％にジャンプした（図表10－1）。差し迫った生活資金ニーズのある中低所得者にとって、メガバンクより手数料が安く、早めに給

図表10－1　個人にとってのメインバンクの割合（米国）

	2020年1月	2020年12月	変化幅
メガバンク	39％	32％	−6.5％
大手地銀	25％	28％	2.4％
コミュニティバンク	12％	14％	2.4％
信用金庫	15％	14％	−1.2％
デジタルバンク	4％	11％	7.0％
その他	6％	2％	−4.1％

（出所）　Cornerstone Advisors, Strategycorps

図表10－2　チャイムの顧客数の推移

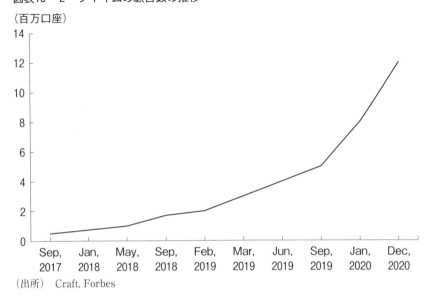

（百万口座）

（出所）　Craft, Forbes

付金が届くデジタル専業行の人気が高まったのは自然の流れだったように思える。コロナ禍で外出を控える状況下で、スマホで取引が完結するビジネスモデルも支持された。

　そのデジタル専業行のなかで、圧倒的な強さを発揮しているのがチャイム（Chime、非上場）である。チャイムの顧客数（チェッキング・アカウントの口座数）は、2017年9月時点で50万だったものが2018年5月には100万を超え、2019年9月に500万、2020年1月には800万、同年12月では1,200万と加速度的に増加した（図表10－2）。同12月時点で、第2位のバーロマネー（Varo Money、非上場）は274万口座で、チャイムと大きな差がついている（図表10－3）。第8章で取り上げたレボリュートの米国での口座数は26万、Ｎ26は10万であり、米国では両社ともチャイムの厚い壁を意識せざるをえない状況にある（バーロマネーは銀行免許を取得しているが、チャイムは免許をもたず規模の小さい既存銀行と提携しているため、本書ではネオバンクに分類する）。

図表10-3　チャレンジャーバンクの口座数（米国）

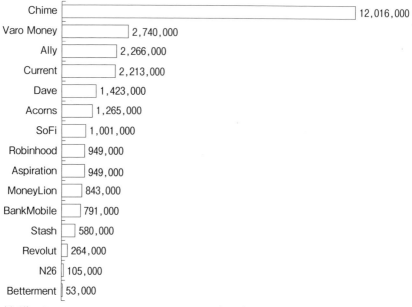

（出所）　Cornerstone Advisors, Strategycorps（2020年12月）

図表10-4　個人顧客のメインバンク（口座数、米国）

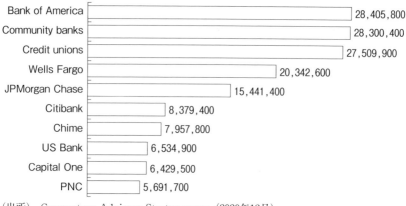

（出所）　Cornerstone Advisors, Strategycorps（2020年12月）

チャイムは、その急成長によって米国の銀行業界のなかでも独自の地位を占めつつある。図表10－1と同じ調査で、個人が自分のメインバンクと考える銀行名をみるとバンク・オブ・アメリカ（BAC）がトップ。中小銀行であるコミュニティバンク全体が第2位、信用金庫全体が第3位となっている（図表10－4）。個別行ではウェルズファーゴ、JPモルガンチェース、シティバンクがBACに続くが、チャイムはシティの次にランクインしている。その順位は、大手地銀のU.S.バンクやPNCより上にある。

　図表10－4は、資産規模や収益を反映したものではなくあくまで個人が考えるメインバンクという位置づけであるが、設立後7年で、100年近く、あるいはそれ以上の歴史を誇る老舗金融機関と肩を並べるに至った理由はどこにあるのだろう。

「隠れた手数料」がなく中低所得者に大きなメリット

　チャイムは2013年、クリス・ブリット氏（現CEO）とライアン・キング氏（現CTO）によってサンフランシスコで設立されたネオバンクである。既存銀行のサービスが十分に行き渡っていないとされる、年収3万～7万5,000ドル（310万～780万円）の中低所得者に対して、簡単で利便性の高いサービスを提供している。

　チャイムのセールスポイントは、隠れた手数料がないことにある。同社のホームページには、当座預金（チェッキング・アカウント）に関してBACとの比較表が掲載されている（図表10－5）。月間の口座維持手数料はBACが12ドルであるのに対して、チャイムは無料である。最低預入金額はBACが25ドル、チャイムは規定を設けていない。

　米国では給与の支払が月単位ではなく、週や隔週単位というケースが多い。買い物をする場合、次の給与支払日までのつなぎとして、気軽に当座貸越が利用されているが当貸手数料は、チャイムが100ドルまでは無料としているのに対し（デビットカードの使用が前提。預金平残で500ドルが必要）、BACでは1回当り35ドルを徴収する。

図表10-5　チャイムとバンク・オブ・アメリカの手数料比較

当座預金	チャイム	バンク・オブ・アメリカ	同・備考
口座維持手数料 （月間）	$ 0	$ 12	月中平残 $ 1,500以上で無料
最低預金額	$ 0	$ 25	小切手帳は平均$ 30
当座貸越手数料 （注）	$ 0	$ 35	
デビットカード 再発行手数料	$ 0	$ 5	
海外送金	$ 0	3%	受取りでも$ 16が必要
ATM （ネットワーク外）	$ 2.50	$ 3	

（注）　チャイムの当座貸越手数料は$ 100まで無料。
（出所）　Chime

　チャイムではレボリュートやN26と同様、預金口座開設後にデビットカードが郵送されるが、カードをなくした場合の再発行手数料はかからない。また、海外送金でも原則として手数料はかからない。チャイムが加盟するネットワークの3万8,000のATMを使用すれば、手数料は無料となる。それ以外のATMでは手数料がチャージされるが、その額は2.5ドルとBACの3ドルより小さい。

　チャイムによると、米国の家計は銀行に対してさまざまな名目で年間329ドル（3万4,000円）の手数料を払っているという。しかし、その負担がなくなる、あるいは小さくなることは、中低所得者層にとってメリットが大きい。

企業価値が2年半で29倍に

　チャイムのもう一つのセールスポイントは、給与振込みが他行より2日早く受け取れることにある。米国では週給や隔週給の支払が小切手で行われる

ことが多かったが、銀行振込みに急速に変わりつつある。大半の銀行は、企業から給与資金を受けてから個人の口座に振り替えるまで、2〜3営業日程度を要する。これは事務手続の都合や、滞留資金からの利息享受（フリーフロート益）のためだ。一方で、週給や隔週給の個人にとっては1日でも早く現金がほしいとのニーズがある。チャイムは企業から資金が入金されると、できる限り即座に個人口座に振り替える。既存銀行とのタイムラグは、平均して2営業日である。

増資のたびに発表される企業価値（時価総額）は、2018年3月が5億ドル、2019年3月で15億ドル、同年12月が58億ドル、そして2020年9月は145億ドル（1.5兆円）まで急伸した。企業価値は2年半で29倍になったが、絶対値でみると2020年の伸びが大きい。その背景には、コロナ禍における特別定額給付金の支給で、多くの個人がチャイムに口座を開設したことがある。チャイムは同年、期間限定で当貸手数料の無料限度額を200ドルに引き上げたほか、他行と比較して最大で5営業日早く給付金を受け取れると発表した。チャイムを給付金の受取銀行に指定する個人が、口座数の伸び（図表10−2）を支えたといっていいだろう。

ミレニアル世代にクレジットスコア改善サービスを提供

チャイムがターゲットとする中低所得者層の中核をなすのは、若いミレニアル世代である。チャイムはこの世代に向けて、家計の健全性（financial health）を高めるいくつかのサービスを提供している（図表10−6）。

チャイムには3種類の預金があるが、貯蓄預金では2021年3月現在、0.5％の金利をつけている。これは、他行の平均である0.05％の10倍の水準である。貯蓄預金に直接入金することはできないが、チェッキング・アカウントからの振り替えができる。デビットカードで5ドル40セントの買い物をしたとき、デビットカードから6ドルを控除、残りの60セントを自動的に貯蓄預金に回すラウンドアップ機能は、欧州のチャレンジャーバンクでも提供されているサービスである。チャイムでユニークなのは、月中平残で500ドル以

図表10－6　チャイムの預金種類とサービス

預金の種類	サービス内容	商品名	備考
当座（普通）預金 Spending Account	デビットカード	Visa Debit Card	郵送
	当座貸越 （デビットカード限定）	Spot me	＄100まで手数料なし。期間限定で＄200まで許容（特別給付金）
	2日早い給与振込み	Get paid early	フリーフロート益をとらず。特別給付金では5日前の対応も
貯蓄預金 Saving Account	自動切り上げサービス	Round ups	デビットカード支払で＄1未満の端数が出れば、切り上げて貯蓄預金に振替え
	給与のうち10％の定額振替	Save when I get paid	＄500以上で、自動振替
	金利0.5％（2021年3月現在）	Hi Yield Saving Account	他行の平均は0.05％
Secured口座	クレジットスコアの改善	Credit Builder	プリペイドクレジットカードの発行、使用でスコア改善（借入れなしの実績）

（注）　すべての銀行業務は提携するBancorp BankかStride Bankが提供。
（出所）　Chimeのホームページをもとに筆者作成。

上あれば、給与の10％を自動的に貯蓄預金に回せる機能だろう。どちらも、こつこつと資金をためることにつながる。

　米国では、クレジットカードや住宅ローンの審査でクレジットスコアが重要である。第9章で述べたクラーナのようなBNPL業者が急拡大しているのは、BNPLが基本的にクレジットスコアに影響を及ぼさないためとされる。一般に、なんらかの借入れをすればクレジットスコアは低下するが、クレジットカードで期限内に延滞なく全額を支払えば上昇する。チャイムは、この仕組を活用する新しいサービスを提供している。

　具体的には、プリペイドクレジットカードを発行、その使用限度額をチャイムにある預金口座Credit Secured Accountの残高とリンクさせたサービスである。クレジットカードを、実質的にデビットカードと同様に使うものだ

が、クレジットカードの返済は期限内に行われ、リボ払いは発生しない。この仕組みであれば、クレジットカードを使うたびにスコアが改善していくことになる。

銀行というより消費者向けソフトウエアカンパニー

　2020年9月の増資時にブリットCEOはCNBCテレビのインタビューに答え、「チャイムは銀行というより、消費者向けのソフトウエアカンパニーである」と述べた。同年、同業のバーロマネーが銀行免許を取得したが、チャイムにその動きはみられない。同社は預金、デビットカードなど銀行業務を、提携するバンコープバンク（NASDAQ上場、デラウエア州）と、ストライドバンク（非上場、オクラホマ州）に委託している。3種類の預金は全額、FDIC（預金保険公社）の付保付きとなり25万ドル（2,590万円）まで保護される。提携行の総資産は順に6,500億円、1,200億円で小規模行である。

　チャイムの財務諸表は公開されていないが、再預託を前提にすればチャイムのバランスシートに顧客預金はないことになる。その場合、ブリットCEOがいうとおり銀行というより、ソフトウエアカンパニーになる。メディアのなかには、チャイムを銀行サービスのプラットフォーマー、提携銀行をチャイムへのBaaS提供行として位置づける向きもある。このまま銀行免許を申請しなければ、チャイムのビジネスモデルは、預金者と銀行の仲介という独特なかたちが継続されることになる。

　ブリットCEOは前述のCNBCテレビのインタビューで、チャイムの収益はEBITDA（Earnings Before Interest, Tax, Depreciation, and Amortization、税引き前利益＋特別損益＋支払利息＋減価償却費）ベースで黒字化したと述べているが、早期に具体的な開示に進むべきだろう。なお市場には、IPOが近いうちに行われる、あるいはSPAC（特別買収目的会社）を経由した上場があるとの見方がある。

2 ワイズ：国際送金のニューノーマル

1,000万人以上が利用する「安い、早い、簡単な」国際送金

　ワイズ（Wise、非上場）は2011年、エストニア出身のクリスト・カーマン氏（現CEO）とターヴェット・ヒンリクス氏（現会長）によってロンドンに設立された資金移動業者である。2020年7月時点での企業価値は50億ドル（5,180億円）で、世界11カ国に14のオフィスをもつ（ロンドン、エストニア、ニューヨーク、シンガポール、東京など）。

　1,000万人以上が国際送金で同社を利用し、その合計額は月間6,750億円になる。利用者は既存銀行を通した送金に比べ、年間で合計1,600億円以上の手数料を節約している。英国のモンゾバンクや、ドイツのN26とも提携している。国際送金に加え、マルチカレンシー口座やデビットカードなど業務の広がりを反映するため2021年2月、社名をトランスファーワイズからワイズに変更した。

　同年7月7日、同社はロンドン証取に「ダイレクトリスティング（直接上場）」の形式で株式を公開した。発行済株式数をかけた時価総額は79億ポンド（約1.2兆円）となった。

　ワイズ創業のきっかけは、スカイプの従業員であったカーマン氏が、給与をエストニアでユーロで受け取っていたことにある。同氏はロンドンに住んでいたため、生活にポンドが必要だった。一方、ロンドンでコンサルティング会社に勤務していたヒンリクス氏は、給与をポンドで受け取っていたものの、エストニアでの住宅ローン返済のためユーロが必要だった。銀行の両替・送金手数料の高さに辟易していた両氏は、国際送金をしない方法を考え出した。それは、ヒンリクス氏のエストニアにある口座にカーマン氏がユーロを振り込み、ヒンリクス氏がポンドをカーマン氏の口座に振り込むという

もの。２人のニーズをマッチングしたこの方法が、「安い、早い、簡単」というワイズの国際送金の原点となった。

国際送金を国内送金に変える

SWIFTを通じた国際送金では、まず国内の仕向け銀行Ａが顧客の資金を受け付け、外貨に換えたうえで、コルレス銀行Ｂに送金する。コルレス銀行Ｂは受取人がいる国にあるコルレス銀行Ｃに送金し、Ｃは被仕向け銀行Ｄに振り込む。この場合、資金は最大４つの銀行を経由し時間がかかると同時に、為替や送金など手数料が発生する。一般に時間は３〜５日、手数料は４行すべてで発生するため、その合計は数千円に達する。

こうした仕組みに対して、ワイズは発想を転換する。日本にいる親が、米国留学中の子どもに生活資金を送ることを想定しよう。送金依頼者は円での送金額、受取人名、口座番号をワイズに連絡する。サイト上で即座に手数料控除後のドル手取り額が表示されるが、依頼者は円のままワイズの日本での銀行口座に入金する。この資金はドルに転換されることはなく、そのまま滞留する。一方、ワイズは同社の米国にある銀行口座から、ドルで受取人に振り込む（図表10−７）。国際送金を２つの国内送金に変えることで、手数料を大幅に下げることができる。この仕組みでは為替手数料は不要で、為替レートはその時間のミッドマーケットレート（ロイター）が適用される。

図表10−７　ワイズの国際（国内）送金

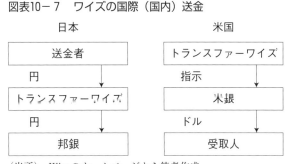

（出所）　Wiseのホームページから筆者作成。

銀行を介した国際送金では送金額に対して平均6.79％の手数料が必要（世界銀行調べ）だが、ワイズの平均は0.68％である。実際の手数料の差をワイズの日本語サイトで調べると、ある日の適用為替レートは108.07円、比較対象となっている国内３行の平均は109.06円ですでに１円の差がついている（図表10－８）。日本から米国に10万円を送金する場合、ワイズの手数料は758円、３行の平均は2,417円。結果、米国での受取額はワイズが918.31ドル、３行平均が894.80ドルになる。同じ10万円の送金でありながら、手取りに23.51ドルの差がつくことになる。着金時間を世界的にみた場合、即時が26％、１時間以内が24％、１時間超が50％となる（図表10－９。１時間超とな

図表10－８　ワイズにおける手数料の他行比較例（日本→米国への送金のケース）

	適用為替レート	送金額	手数料	米国での受取額
ワイズ	108.07	10万円	758円	918.31ドル
他行平均（３行）	109.06	〃	2,417円	894.80ドル

（出所）　Wise

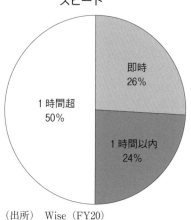

図表10－９　ワイズの国際送金の着金
スピード

（出所）　Wise（FY20）

210

るのは、時差の関係と思われる）。ワイズの送金は100以上の国、地域に可能である。

　なお、この例では日本にあるワイズの銀行口座に資金が滞留するが、逆に米国から日本への送金があった場合、その口座から資金が振り込まれる。ただ、入出金が一致しなければ、口座に資金の過不足が生じる。ワイズは各国の口座にやや多めの預金を置いていると思われるが、手数料にはそのコストが含まれていると考える。

マルチカレンシー口座も提供

　旧社名トランスファーワイズには「賢く送金する」という意味があったが、ワイズへの社名変更は、業務は送金だけではないとの意識が込められている。

　その一つが2017年、ワイズが欧米でサービスを始めたマルチカレンシー口座である。電子マネー口座であり預金保険の対象ではないが、実質的に資金を口座にキープできる機能をもつ。

　マルチカレンシー口座の第一の特徴は円を含む19種類以上の通貨で入金でき、56種類以上の通貨を保有、管理できることにある。スマホに通貨別の口座をつくることになるが、開設手数料、口座維持手数料とも無料である（資金のチャージ、送金には所定の手数料がかかる）。

　第二の特徴は、海外での口座情報が獲得できること。口座情報とは各国で送受信の際に必要な銀行口座番号やコードのことで、英国ではソートコードとIBAN、欧州ではSWIFTコードとIBAN、米国ではルーティングコードなどを指す。実質的な銀行口座を保有できる国は、10カ国以上ある。たとえば、米国でドルの収入がある日本の居住者は、その収入をドルのままワイズの口座で受け取ることができる。

　第三の特徴は、多通貨に対応したデビットカードと連動していることである。マルチカレンシー口座は海外での給与受取りを想定していたが、その資金を決済に利用したいという要望に応え、2018年、欧米でデビットカードの

発行が開始された。口座に残高がある通貨なら、手数料なしでカードを利用できる。その通貨の口座に残高がないものの、他の通貨に残高がある場合、所定の手数料で両替、チャージされる。

海外のATMから現地通貨を引き出すことも可能で、日本でのカード保有者（発行手数料は1,200円）は月2回、3万円相当までなら手数料はかからない。それを超えると、1.75％プラス70円がかかる。ワイズのデビットカードはマスターカードと提携しており、マスターカードが使える国であればどこでも利用できる。

日本では法人需要や外国人労働者にフォーカス

ワイズの日本での業務開始は2016年、マルチカレンシー口座の導入は2020年、デビットカードの発行開始は2021年である。出資者には、三井物産も名を連ねる。コロナ禍で滞っているが、外国人労働者の数は将来的に増えていくことが予想されていることから、アジアでは日本をシンガポールと並ぶ戦略市場と位置づける。資金移動業者としての認可を受けているが、今後の規制緩和で100万円以上の送金など法人需要をどう取り込むかが焦点となる。

なお、ワイズは2021年1月に他通貨デビットカードの発行を発表した際、日本の海外旅行者はクレジットカードの為替レートで、マークアップといわれる隠れ手数料を払っていると指摘した。たとえばドル円レートが104円の場合でも、クレジットカード会社は切り上げた110円を使ってカードホルダーに請求しており、その差額がクレジットカード会社の手数料収入になっているというものである。この点に関してワイズのデビットカードなら、現地通貨口座による決済なので為替手数料は不要となる。その通貨に残高がなく両替が必要な場合でも、ミッドレートが用いられるため、マークアップは発生しない。

FY3/17から4期連続で黒字を確保：上場後の挑戦は何か

ワイズの決算月は、邦銀と同じ3月である。チャレンジャーバンク、ネオ

図表10−10　ワイズの収益推移

（単位：百万ポンド）

	FY3/18	FY3/19	FY3/20	FY18〜FY20の増減
粗利益	77.5	108.2	185.0	138.7%
経費	68.0	97.4	165.7	143.7%
経常利益	9.5	10.1	20.4	114.7%
当期利益	6.2	10.3	21.3	243.5%

（出所）　Wise

バンクの多くで創業赤字が続いているが、同社の最終損益は2017年3月期（FY17）に黒字転換、その後も黒字が続いている。FY20の最終利益は2,130万ポンド（32億円）で、前年同期比で2倍、FY18比で3.4倍と急成長している（図表10−10）。粗利益の地域別の内訳は英国を含む欧州が52%、米国が26%、その他が22%。粗利益の構成に関する開示はないが、ほとんどが手数料であろう。

　ワイズが他社との比較でいち早く黒字化したのは、フィー水準の設定にあると考える。既存銀行よりかなり低いものの、コストをカバーしているとみられる。

　国際送金のマーケットリーダーは米国の老舗ウエスタンユニオンだが、報道によればワイズは2018年の段階で業界第3位となり、英国でのシェアは15%を超えた。この統計に銀行は含まれていないが、銀行は金額の大きい法人間の送金、資金移動業者は個人間の送金に強みをもつと思われる。ワイズの手数料は対銀行だけではなく、ウエスタンユニオンより低く、引き続き成長が見込まれる。

　ただ、個人間の送金は海外での給与受取りや支払に関連したものが多く、コロナ禍で国境を越えた人の動きが止まると、ワイズの成長が鈍化するという見方がある。成長鈍化があるとしても一時的なものであるか、FY21決算の内容が注目される。

　ロンドン証取への上場が実現したが、ワイズは2010年以降に設立された世

界のチャレンジャーバンク、ネオバンクのなかで最初の上場企業となる。上場によって、投資家が長期間でのリターンを求めるベンチャーファンドから、短期または中期での実績を求める機関投資家に入れ替わることになる。短期投資家であっても、成長途上の企業に大規模な株主還元を求めることはないと思われるが、これまで以上に業績に市場が注目することになる。時価総額を1.2兆円とすると、FY20を基準としたPER（株価収益率）は360倍を超えるが（邦銀の平均は7〜12倍）、市場に成長ストーリーをどう伝えるかが重要となる。

　同時に、社外取締役による牽制機能や情報開示の改善など、コーポレートガバナンスの強化が求められる。ワイズがこうした課題にどう取り組んでいくか、上場を検討する他の企業も注目するだろう。

3　チャレンジャーバンク総括

スタートアップ企業とシードマネーの関係

　ここまで企業価値の大きいレボリュート、N26、オークノース、クラーナ、ヌーバンク、チャイム、ワイズの7社を分析してきたが、そのビジネスモデルを評価したうえで日本への示唆を考えていきたい。

　まず、チャレンジャーバンク、ネオバンクに限らず、スタートアップ企業と投資家（ファンド）の関係をみてみよう。事例として、設立以来の増資と企業価値の推移がわかりやすく開示されているヌーバンクを取り上げる（図表10−11）。

　2013年7月、創業者であるデイビッド・ベレサ氏（現CEO）のビジネスアイデアに賛同したセコイアキャピタルなど2社が、200万ドル（2億円）を出資した。セコイアキャピタルは、ベレサ氏が勤務していたファンドでもあ

図表10−11 ヌーバンクの増資と企業価値

	シリーズ名	金額 （百万ドル）	企業価値 （億ドル）	主な投資家 （Lead investor）
2013年7月	Seed	2	—	Sequoia Capital
2014年9月	A	14.3	—	〃
2015年6月	B	30	—	Tiger Global Management
2016年1月	C	52	5	Founders Fund
2016年12月	D	80	—	DST Global
2018年3月	E	150	40	〃
2018年12月	流通市場	180	—	Tencent Holdings
2019年7月	F	400	100	TCV
2021年1月	G	400	250	GIC, Invesco, Wheal Rock
2021年6月	G（追加）	750	300	Berkshire Hathaway

（注） 他にGoldman SachsがDebt Financeに参加。
（出所） Craft, Startup Talky, Golden

る。最初の出資は、シード（種）マネーと呼ばれる。

　2016年1月の3回目の増資（シリーズC）で、企業価値が5億ドルと発表された。企業価値は、2018年3月（シリーズE）では40億ドルまで増加した。この時点で、シードマネーを供給したファンドはかなりの含み益をもっていたことになるが、シリーズCから参加したファンドも、2年2カ月で8倍の投資リターンがあった。2018年12月にはテンセントが資本参加するが、増資ではなく既存株主からの発行済株式の買取りというかたちで行われた。テンセントに株式を売却した投資家は、この時点で含み益を実現益に転換したことになる。

　企業価値は2021年1月には250億ドルまで拡大したことでシリーズCに参加したファンドは投資価値が5年で50倍になった。2021年6月のシリーズGの追加増資から参加した投資家は、企業価値がさらに拡大することを見込んでいる。今後、ヌーバンクがIPOを行いファンドが株式を市場に売却すれ

ば、その時点でファンドはExit（出口）となる。前述のように、ワイズでは
IPOが近いとの報道がある。

　投資家にとって、ヌーバンクのような成功案件があれば、投資余力が生じ
新たなスタートアップ企業にも出資しやすくなる。しかし、ファンドによる
投資が常に正のリターンを生むとは限らない。企業価値がどのような基準で
算定されているかは開示されていないが、基本的には「シードマネー→成長
→増資→成長→創業赤字脱出→黒字拡大」という流れを前提にしていると考
える。ただ、なんらかの理由で成長が鈍化し、黒字化までの時間が想定より
も長くなれば、将来を見込んだ企業価値が減少することになる。

モンゾバンクは「継続企業の前提に疑義」

　図表10−12は、第8章で取り上げたチャレンジャーバンク、ネオバンクに
関する最新の収益状況である。決算の発表タイミングは会社によって異な
り、決算年はそろっていない。たとえば、レボリュートの決算月は12月だ
が、アニュアルレポートはこれまで翌年の8月に刊行されている。また、米
国のチャイムとバーロマネーは決算自体を公開していない。

　図表10−12で気づくのは、最終損益が黒字になっているのはオークノース
とワイズだけで、その他の会社では創業赤字が続いていることだろう。ク
ラーナはいったん黒字化したものの、米国への進出コストなどで再び赤字に
なった。ヌーバンクでは業容拡大により、赤字が縮小している。チャイムは
EBITDAで黒字となっているが、財務会計では赤字が続いていると思われ
る。

　ここで、注目したいのは英国のモンゾバンクだ。同社はN26とよく似たビ
ジネスモデルをもつ2016年創業の比較的新しいチャレンジャーバンクで、
500万口座を保有する。この口座数は、レボリュートの1,500万、N26の700
万に次ぐもので、英国・欧州ではモバイルバンクの3番手と認識されてい
る。

　両社との違いは、モンゾが個人向けの小口貸出を手掛けていることだろ

図表10-12　チャレンジャーバンク、ネオバンクの最終損益（円換算）

本拠地		顧客	企業価値	決算期	最終損益
英国	Atom Bank	個人、中小企業	1,340億円 （2018年3月）	FY20	−100億円
	Starling Bank	〃	1,140億円 （2021年3月）	FY19	−78億円
	Monzo Bank	個人	1,800億円 （2020年6月）	FY2/20	−171億円
	OakNorth	中小・スタート アップ企業	2,900億円 （2019年2月）	FY20	116億円
	Revolut	個人	5,700億円 （2020年2月）	FY19	−148億円
	Wise	個人（国際送金）	5,180億円 （2020年7月）	FY3/20	32億円
ドイツ	N26	個人	3,620億円 （2019年7月）	FY20	−140億円
スウェーデン	Klarna	個人 （ECモール決済）	4.7兆円 （2021年6月）	〃	−175億円
米国	Chime	個人	1.5兆円 （2020年9月）	非開示	EBITDA は黒字
	Varo Money	〃	n.a.	〃	—
ブラジル	Nubank	〃	3.1兆円 （2021年6月）	FY20	−44億円

（注）　為替レートは、ポンド＝150円、ユーロ＝127円、スウェーデンクローナ＝12.7円、
　　　　ドル＝103.5円、レアル＝19.1円で換算。
（出所）　各社ホームページ、Craft（企業価値）

う。2020年6月の増資時の企業価値は12億ポンド（1,800億円）で、前年の6月の20億ポンド（3,000億円）から40％も下落した。コロナ禍でデビットカードの加盟店手数料が増えたが、米国への進出など経費の増加をまかなえず、赤字額が拡大することが見込まれた。

　事実、同年8月に発表されたFY20決算（2月）では、最終赤字が前年の4,716万ポンドから1億1,381万ポンド（171億円）と2.4倍にふくらんだ。コ

ロナ禍で、与信費用も増加した。FY20のアニュアルレポートでは、監査法人が11ページにわたる意見書を掲載、モンゾに対して継続企業の前提に疑義があると指摘した。コロナ禍によって収入の伸びが計画どおりに進まず、与信費用がさらに増加すれば、思うような資本調達ができなくなる公算がある。

　前述したようにスタートアップ企業の生命線は、成長のための増資である。チャレンジャーバンク、ネオバンクに関しては、優れたビジネスモデルと洋々とした未来を語るメディアや識者が多いが、ここにきて企業間に格差がついてきたことを見逃してはならない。モンゾに対して継続企業の前提に疑義が生じた背景には、後発でありながら、サービスのラインアップでレボリュートやN26と大きく違うものを提供できていないことがあると考える。小口貸出の開始も、タイミングに恵まれなかった感がある。一方で、コロナ禍を乗り越えれば、新しい展開になる可能性もあるだろう。

　前述のように、レボリュート、N26に加えモンゾも戦略市場と考える米国では、すでにチャイムがリーディングカンパニーとしての地位を固めた感がある。新たに進出したチャレンジャーバンク、ネオバンクが経費を上回る粗利益を出せるか、今後数年間が正念場となるだろう。クラーナも、アファームやアフターペイとの競合がある。ヌーバンクは、メキシコなど新規進出国での収益動向が注目される。

収益化の鍵はアンダーサーブド市場進出とプライシングの巧拙

　チャレンジャーバンク、ネオバンクに関しては、デジタル専業で斬新な業務を展開する先進性が評価されがちだが、そもそも利益が出なければ事業の継続はできない。収益化への第一段階は新規顧客の獲得だが、そのターゲットは既存銀行のサービスが十分に行き届いていない分野、いわゆるアンダーサーブド（Under served）市場にある。

　第6章（SHB）でも論じたが、ここでの成功の鍵は既存行と違ったサービスの提供にある。口座維持手数料など既存行の手数料の高さに対抗したのは

チャイムであり、N26である。国際送金の高コスト、非効率性に新たなソリューションを示したのがレボリュートとワイズ、クレジットカードの慣行に挑戦したのがクラーナやヌーバンクである。オークノースは、既存銀行が渋るスタートアップ企業への支援を成長のエンジンとしている。

収益化に向けての第二段階の鍵は、プライシングの設定だろう。無料のサービスであれば極端な話、顧客はいくらでも集まる。しかし、ある程度の顧客が集まれば、サブスクリプションサービスへの誘導、あるいは無料サービスの一部有料化が必要になる。チャレンジャーバンクやネオバンクのほとんどは、個人のサブアカウントとして利用されている。ただ、ユーザーがなくてはならないサービスと感じれば、手数料の徴求が可能になる。この場合、競合他社が無料サービスを継続する可能性はあるが、乗換えを防ぐ意味でも、魅力的なサービスであることは当然のこととして、圧倒的な顧客数が意味をもつと考える。

第三段階は、メリハリをつけた海外展開と考える。金融がボーダレス化しても、各国の金融市場や競争条件には大きな差がある。自国での成功体験が、必ずしも通じないケースが出てくる。N26の英国市場からの撤退や、レボリュートのカナダ市場からの撤退のように、早めに見切りをつけることも必要な選択肢である。

IPOを目指すのであれば、コーポレートガバナンスのみならず、コンプライアンスの徹底も重要となる。

迅速な経営判断・戦術変更を可能にする独立性がポイント

既存銀行のDXによる業務展開には、本体業務のデジタル化と、子会社による新事業の開始という2つの流れがある。チャレンジャーバンク、ネオバンクに対抗するため、欧米では大手行が子会社として新たなデジタルバンクを設立する、あるいは有力なスタートアップ企業を買収するという動きが出ている。多くの場合、そうした子会社は親銀行とは違う顧客層にアプローチし、親銀行とは違う商品、サービスを提供している。チャレンジャーバン

ク、ネオバンクと直接に競合するかたちだ。

ただ、すべてが成功しているわけではない。すでに、親銀行に吸収された、あるいは他社に売却された事例が出ている。極端な例では、業務の停止に至ったところさえある。他方、一定数の顧客を確保、収益化に至ったケースもみられ、二極化している。

成否を分けた要因にはさまざまなものがあるが、一般には子会社の独立性が重要とされる。スタートアップ事業、特にデジタル分野の事業では、大銀行の子会社であってもアジャイル（迅速）な経営判断と、市場の変化に即応できる柔軟な戦術転換が必要だ。これらは、従来の銀行員的な発想とは相いれない。したがって、子会社の経営陣にどれだけの裁量（autonomy）を与えるかがポイントとなる。

さらに、人員構成も親銀行と別体系にすべきだろう。たとえば、テクノロジー人材が従業員に占める割合は、クラーナが39％、ヌーバンクが48％、チャイムが53％である。ただし、子会社である限り親銀行によるガバナンスは必須であり、リスク管理などに関しては厳しい目線が必要である。

日本にアンダーサーブド分野はあるか

邦銀でも、傘下に新たにデジタル銀行を設立する動きがある。新銀行の独立性が確保されたとして、課題はどのような商品・サービスを提供し、収益につなげるかだろう。既存銀行のサービスが非効率、あるいは十分でない分野には常にニーズがあり、そこでの課題解決型のサービスはユーザーの共感と口座数の増加をもたらす。

それでは、日本でアンダーサーブド分野はあるのだろうか。欧米と比較して、日本で企業価値が非常に高いベンチャー発のチャレンジャーバンクやネオバンクが登場していないのは、アンダーサーブド分野が少ないためだろう。

たとえば、日本において口座維持手数料は実験段階にある。クレジットカードでは1回払いが多く、リボ払いが米国ほど定着しているわけではな

い。国内送金では、QRコード決済など資金移動業者が無料の振込サービスを提供しているが、国際送金ではレボリュートやワイズのような斬新なサービスはみられない。国際送金はアンダーサーブド分野といえるが、そもそも欧州のように国境を越えた人の移動は海外旅行以外少ない。また、マネロンやKYC（Know Your Customer）などコストが高く、邦銀にとって将来を約束された業務とはいえないだろう。小口貸出の分野では、すでに消費者金融会社と銀行のカードローンが大きなシェアをもっている。

そのなかで、筆者が考えるアンダーサーブド分野は次の３つである。

第一は、これまでの銀行取引とは疎遠であった外国人労働者やフリーランス向けの預金、貸出業務の提供である。ヌーバンクやチャイムのコンセプトの一つである金融包摂とはやや異なるが、日本でも金融サービスが十分に行き届いていない層は存在すると考える。銀行本体ではむずかしいと考えるのであれば、デジタルバンク子会社で試験的にこの分野を開拓する手もある。

第二はスタートアップ企業、あるいは零細企業への資金支援である。AIを使った貸出は、すでにECモールの運営者が出店企業に実施しているが、銀行本体にとってはロットが小さく採算に乗りづらい。オークノースのようなデジタルバンクであれば、効率的で定型的な業務展開が可能だろう。ただし、「なりすまし」を防ぐために、面談などを審査プロセスに組み込むなどの方策が必要と考える。

第三は日本独自の分野だが、事業承継やDXなど中小企業向けの総合的なコンサルティングと、それをもとにしたネットによる貸出や事業マッチングの全国展開が考えられる。この業務では、地銀が何行か集まって共同でデジタルバンクを設立することも選択肢になる。

今後、欧米とは異なる日本型のチャレンジャーバンク、ネオバンクが生まれ、成長する可能性は十分にある。当然のことながら、起業家でも銀行以外の事業会社でも、その担い手になりえる。銀行に求められるものは、起業家精神をもつ行員の市場価値での採用と育成にあることは、いうまでもない。

第 11 章

フォワードルッキング引当

―合理的な貸出金利設定への一里塚―

1 IFRS 9 とCECL：
日本の会計基準との違い

欧米の銀行ではすでに導入ずみ

　本書では銀行の戦略に関する海外事例を紹介してきたが、ここで特にコロナ禍において邦銀の信用リスク管理、ひいては経営戦略上、重要となる、フォワードルッキング（ECL、Expected Credit Loss）引当について触れておきたい。フォワードルッキング引当に関してはさまざまな解説書が出ているが、本章では会計面でのテクニカルな議論ではなく、銀行経営への影響を中心に論じる。

　ECL（予想損失）引当は、リーマンショック後に欧米の銀行に公的資金が注入された際、引当が遅すぎるだけでなく不十分であったとの批判に対して検討された会計制度の一つである。自己資本比率算定基準の厳格化（バーゼルⅢ）と並ぶ、金融システム安定化のための方策といえる。日本ではリーマンショック後に大規模な公的資金注入が行われなかったため、ECL導入の議論は展開されていなかった。ただ、2020年3月期決算ではコロナ禍が続くことを前提に、いくつかの銀行が「フォワードルッキング的」な引当を実施した。

　2018年7月、バーゼル委員会は「会計制度の変更と必要資本」という規則文章を公表した。国際会計審議会（IASB）と米国財務会計基準審議会（FASB）が、発生損失（incurred loss）に基づく引当基準から、ECLに基づく引当基準に変更したことへの対応が記されている。

　IASBは2014年9月にIFRS 9を公表、2018年1月から英国、欧州の主要行に適用されている。一方、FASBはCECL（current expected credit loss）という引当基準を2016年6月に策定、2020年1月から大手行に適用されている。一般に、新基準では銀行の引当が増加し自己資本比率が低下することか

ら、バーゼル委員会は自己資本比率への段階的な反映などを提案している。

引当のベースが過去実績から将来の損失見込みに

銀行の引当には大きく分けて、貸出をはじめとする個別の債権が不良債権化したときの個別引当金と、与信ポートフォリオ全体に対する備えである一般貸倒引当金がある。邦銀の一般貸倒引当金は、正常先債権と要注意先債権に対して過去1～3年の貸倒れ実績などをふまえて算出されている。

これに対してECLの場合、ベースが将来の損失見込みに変わり、銀行は将来予想をどう算定したかの開示を求められる。いくつかの世界的な会計事務所が銀行向けに作成した実務書をみると、過去の実績をもとに将来のシナリオを描き、引当率を算定するのが一般的である。

たとえば、住宅ローン全期間のPD（Probability of Default、ディフォルト確率）が1％、LGD（Loss Given Default、ディフォルトしたときの最終損失率）が50％なら、必要な引当は50bpとなる。一方、将来の不動産価格の下落や失業率の上昇を想定した複数のリスクシナリオにおけるPD、LGDの予想値を、シナリオの発生確率で加重平均したときの予想損失率が80bpであれば、それがECLを基準とした引当率になる。なお、ECLの導入日（Day 1）では、引当の増加は資本勘定の減少というかたちでB/Sをヒットするが、期間損益には影響を及ぼさない。その後のECLの変動は、P/Lを通して行われる。

3ステージアプローチのIFRS 9、全債権をライフタイム引当のCECL

同じECLでも、IFRS 9とCECLでは大きな違いがある（図表11-1）。IFRS 9では貸出など金融債権を、ステージ1（当初認識以降、信用の質が悪化していない）、ステージ2（信用リスクの著しい増加あり）、ステージ3（減損の客観的事実がある）の3つに分ける。ステージ1には今後1年分の予想損失（Expected Loss、EL）を引当として計上、ステージ2と3に対しては対象債権に対して全期間のEL（Lifetime EL）に相当する引当が求められる。

図表11−1　J-GAAP、IFRS 9、CECLの比較

J-GAAP		IFRS 9		US GAAP（Topic 326）
邦銀 Incured Loss 発生損失		主に欧州の銀行 ECL 予想信用損失		米銀 CECL 予想信用損失
		2018年1月1日から適用		2020年1月1日から大手行に適用
対象	貸出など	貸出、債券、保証、コミットメントラインなど		貸出、債券、保証、コミットメントラインなど
正常先債権	貸倒実績率 過去1年	ステージ1 信用リスクの著しい増大なし	12カ月分のEL （予想損失）	Lifetime EL 全期間の予想損失
その他要注意先債権	貸倒実績率 過去1〜3年平均	ステージ2 信用リスクの著しい増大あり （30日以上延滞など）	Lifetime EL 全期間の予想損失	
開示不良債権	引当＋担保で保全	ステージ3 減損の証拠あり	Lifetime EL （担保価値控除後）	
会計処理	P/L項目	Day 1 でB/S調整、その後はP/L項目 （CET 1 資本）		Day 1 でB/S調整、その後はP/L項目 （CET 1 資本）
各行による開示例 （Day 1）		HSBC 貸倒引当金　　　　+31% CET 1 比率　　　+ 1 bp		JPモルガン 貸倒引当金　　　　+30% CET 1 比率　　　−15bp
		欧州平均（注） 貸倒引当金　　　　+11% CET 1 比率　　　−19bp		ウエルズファーゴ 貸倒引当金　　　　−13% CET 1 比率　　　+ 9 bp

（注）　IRB（内部格付手法）を用いる32行の平均（欧州銀行監督局）。
（出所）　IASB、FASB、欧州銀行監督局、各行ホームページなどをもとに筆者作成。

　日本に当てはめれば、ステージ1は正常債権、ステージ3は開示不良債権に分類されるとみていいだろう。ステージ2は、日本ではその他要注意先債

権の概念に近い。厳格な定義はないが、外部の信用格付の引下げや30日以上の延滞が要件とされる。

　EBA（欧州銀行監督局）によれば2018年1月1日のDay1において、IRB（内部格付手法）を用いる32行の単純平均で引当は11％増加、CET1比率は19bp低下した。CET1比率の低下はBNPパリバで10bp、UBSで30bp、DNBでは29bpだった。ただ、HSBCでは引当が31％増加した一方で、CET1比率が1bp上昇している。これは、引当増でCET1資本が減少したものの、その分を外部負債の再定義や繰延税金資産の見直しによる資本の増加が埋めたためである。EBAの調べでは欧州の53行中、14％の銀行でCET1比率が上昇している。

　2020年1月1日に大手行に適用された米国のCECL（US GAAP Topic 326）では、3ステージアプローチはとられず、対象の金融債権のすべてに関して、契約上の満期までの予想損失（Lifetime EL）に対する引当が必要となる。損失の算定に関しては、特定の方法が明示されているわけではなく、各行の判断に任されている。ただ、大手行にはFRBによるストレステスト（CCAR、Comprehensive Capital Analysis and Review）が2011年から実施されており、貸出や債券などポートフォリオごとに、リスクをフォワードルッキング的に算定する手法は確立されていたように思える。

　Day1におけるインパクトは、JPモルガン（JPM）の場合で貸倒引当金が30％増加、CET1比率は15bp低下した。多くの銀行でCET1比率が低下したが、ウエルズファーゴ（WFC）では引当金が13％減少、CET1比率は9bp上昇した。同社はコロナ禍でFY20の第2四半期（2Q）で赤字決算を余儀なくされたが、この辺の事情に関しては後述する。

Day 1 で引当金が30%以上増加

以下、IFRS 9 とCECLの実際をみていこう。

IFRS 9 の開示に関しては、英国と香港に本拠を置くHSBCの開示が最も詳しい。まず、Day 1 における引当金の変動をみると（図表11−2）、旧制度（IAS 39/37）において77.8億ドルだった引当金が、新制度（IFRS 9 ）では102億ドルに増加している。増加分のうち12カ月分のECL が12.8億ドル、Lifetime ECLが8億ドル、複数のマクロシナリオに対応する部分が3.3億ドルとなっている。新制度における引当金の内訳は、ステージ1 向けが15.4億

図表11−2　HSBCにおける引当金の変動─旧制度（IAS 39/37）からIFRS 9 への切替え

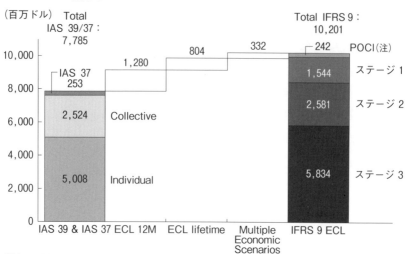

（注）　POCI：Purchased or originated credit impaired
（出所）　HSBC（2018.1.1）

ドル、ステージ２向けが25.8億ドル、ステージ３向けが58.3億ドルである。なお、POCI（Purchased or originated credit impaired）とは、購入時あるいは実行時にすでに減損処理がされていた債権を指す。

　図表11－２からわかることは、旧制度における個別引当金は基本的にステージ３向け引当に変わり、一般貸倒引当金はステージ２向けに切り替わったことだろう。ステージ１向けには、新たに12カ月分のECLが乗ったかたちになっている。IFRS９による引当の増加は、①ステージの切り分けが保守的になったこと、②正常先に対する12カ月分の新規ECL、③マクロシナリオ対応──でほぼ説明できるように思える。日本における引当に関する保守的な対応とは主に①を指すが、今後、②や③に対しても検討する必要が出てくるかもしれない。

　IFRS９の対象資産の分類は、ステージ１が94.2％、ステージ２が5.1％、ステージ３が0.7％（図表11－３）で、日本でいう開示不良債権比率は0.7％だったことになる。ステージ２比率は、日本では全国銀行のその他要注意先債権比率に近い。Day１における引当率はステージ１が0.1％、ステージ２が2.3％、ステージ３が37.7％。ステージ３に対する引当率が低いようにみえるが、計算には担保価値が含まれていない。

図表11－３　HSBC─ステージ別資産と引当率（2018年１月１日）

（単位：百万ドル、％）

	ステージ１	ステージ２	ステージ３	POCI	合計
資産額	2,062,685	111,059	15,464	1,061	2,190,269
割合	94.2	5.1	0.7	0.0	100.0
引当金	1,544	2,581	5,834	242	10,201
引当率	0.1	2.3	37.7	22.8	0.5

（出所）　HSBC

地域別、業種別、ステージ別に詳細に開示

　Day1においてHSBCは３つのマクロシナリオを用意、メインシナリオの確率を80％、アップサイドシナリオとダウンサイドシナリオの確率をそれぞれ10％と置いた（図表11-4）。HSBCは多くの国で事業を展開していることもあり、英国、香港のほか、フランス、中国や米国など８カ国（地域）に関

図表11-4　HSBC―３つのマクロシナリオ（2018〜2020年、2018年１月１日時点）

（単位：％）

メインシナリオ（ウェイト80％）								
	英国	フランス	香港	中国	UAE	米国	カナダ	メキシコ
GDP	1.8	1.5	2.5	5.8	3.5	2.1	1.8	2.7
物価上昇率	2.2	N/A	2.4	2.3	2.9	2.1	2.0	3.5
失業率	5.2	8.6	3.4	4.0	N/A	4.6	6.3	4.0
住宅価格上昇率	2.8	3.9	3.6	5.4	6.2	3.6	3.1	6.2
アップサイドシナリオ（10％）								
	英国	フランス	香港	中国	UAE	米国	カナダ	メキシコ
GDP	2.5	1.9	2.8	6.0	4.0	2.7	2.2	3.2
物価上昇率	2.5	N/A	2.9	2.7	3.3	2.1	2.2	3.9
失業率	4.8	8.3	3.2	3.7	N/A	4.1	6.1	3.6
住宅価格上昇率	2.0	4.6	4.0	6.9	2.7	4.9	4.3	6.8
ダウンサイドシナリオ（10％）								
	英国	フランス	香港	中国	UAE	米国	カナダ	メキシコ
GDP	1.2	1.1	2.0	5.5	3.0	1.3	1.6	2.1
物価上昇率	1.9	N/A	2.2	2.0	2.6	1.8	1.9	3.1
失業率	5.6	9.0	3.8	4.2	N/A	5.1	6.7	4.5
住宅価格上昇率	0.9	0.8	1.7	3.0	4.5	1.1	0.6	5.4

（注）　UAE＝アラブ首長国連邦
（出所）　HSBC（2018年１月１日）

して、２年間のシナリオを開示している。

　シナリオの要素は、GDP、物価上昇率（CPI）、失業率、住宅価格上昇率の
４つとなっているが、FRBのストレステストでも同様なものが並んでいる。
一定の前提を置いたうえで、各国の景気、金利、為替レートなどを予想す
る。不動産に関して、商業用不動産ではなく住宅価格が指標となっているの
は、住宅ローン残高が比較的多いことと、商業用不動産は物件ごとの跛行性
が高いためと考えられる。

　マクロシナリオをどう取り込んだかについては、まずメインシナリオでの
ECLを算定、これに２つのリスクシナリオによる計算結果を加えている（図

図表11－5　HSBC─ECLの調整（2018年１月１日）　（単位：百万ドル）

	メインシナリオでの ECL	調整後の ECL	差額
英国	2,751	3,068	317
メキシコ	761	779	18
米国	587	590	3
香港	1,060	1,035	－25
その他	4,710	4,729	19
合計	9,869	10,201	332

（出所）　HSBC

図表11－6　HSBC─ステージ別資産と引当率（FY20）　（単位：百万ドル、％）

	ステージ1	ステージ2	ステージ3	POCI	合計
資産額	2,336,365	227,405	20,621	319	2,584,710
割合	90.4	8.8	0.8	0.0	100.0
引当金	2,414	5,445	7,585	122	15,566
引当率	0.1	2.4	36.8	38.2	0.6

（出所）　HSBC

表11−5）。興味深いのは香港で、調整後のECLはメインシナリオより低い数字になっている。ただ、これは2018年の計数であり、現在は違うかたちになっているかもしれない。

　2020年12月期（FY20）におけるHSBCのステージ別資産は、ステージ1が90.4%、2が8.8%、3が0.8%（図表11−6）。2018年1月と比較すると、ステージ3比率に大きな変動はないが、ステージ1比率が下がりステージ2比率が上がっている。コロナ禍で、与信ポートフォリオに若干の劣化がみられる。ステージ別の分類は全体だけではなく、地域別、業種別でも開示されており、外部からの分析だけでなく、内部での与信方針（クレジットポリシー）の策定にも重要な参考資料になる。

　HSBCだけでなく、英国、欧州の主要行が開示しているのが、ステージ別資産と引当の遷移である。HSBCのFY20では、一部でステージ1から2、

図表11−7　HSBC─金融資産のうち貸出、コミットメント、保証のステージ推移

	ステージ1	引当	ステージ2	引当
2020年1月1日	1,561,613	1,464	105,551	2,441
S1 → S2	−298,725	−947	298,725	947
S2 → S1	172,894	2,073	−172,894	−2,073
→ S3	−3,942	30	−10,320	−986
S3 →	537	26	1,272	161
新規実行	437,836	653		
返済などによる減少	−313,347	−160	−37,409	−464
外為要因	32,808	47	9,123	223
その他	−76	−5	292	1
パラメーター調整など		−850		5,153
2020年12月31日	1,506,451	2,331	223,432	5,403
与信費用計上額		−297		4,689

（出所）　HSBC

2から3への劣化がみられる（図表11-7）。逆の動きもあるが、保守的な与信運用が求められる展開になっているとみていいだろう。

不良債権問題が深刻だった時期、邦銀も分類債権の推移（マイグレーションなど）を開示していた。ただ、IFRS 9の開示で際立っていることは、年度の新規実行額や回収額もステージ別に示されていることだろう。また、資産の遷移にあわせた引当の増減や、ステージ別の与信費用も明示されており、非常に透明度の高いものとなっている。

(FY20) (単位：百万ドル)

ステージ3	引当	その他とも合計	引当合計
14,335	5,121	1,681,844	9,125
14,262	1,016		
−1,809	187		
		437,861	654
−3,430	−485	−354,209	−1,111
633	163	42,568	436
−1	−8	223	11
	1,550		6,276
20,424	7,544	1,750,586	15,391
	4,390		8,817

3 CECLの実際：
将来シナリオの置き方による差異

JPM—Day 1 での保守的引当でその後の戻入れが可能に

　CECLの開示が最も詳しいのがJPMで、四半期ごとに業務別の引当額を発表している。2020年1月1日のDay 1 では引当が43億ドル（30％）増加し、総貸出に対する引当率は1.86％となった（図表11－8）。CECLの対象債権は貸出だけではなく債券や保証、コミットメントラインなども含まれるので、貸出比の引当率は参考という位置づけになるが、全体の傾向はつかめる。

　43億ドルの内訳は消費者向けが59億ドルの繰入れ、法人向けが16億ドルの取り崩しだった。Day 1 の段階でCOVID-19（新型コロナウイルス）は社会問題になっておらず、平時での新制度導入となったわけだが、クレジットカードのリボ貸出に対する引当がほぼ倍増している。米国の消費者にとっては、常に一定額のリボ残高があるのは普通だが、CECLの適用でLifetime ELが大幅に増加したと思われる。一方で、その時点で中小企業を含め企業業績が順調であったことから、法人向け引当金が取り崩されたとみられる。

　しかしFY20の第1四半期（1Q）では、コロナ禍の進行で消費者向け、法人向けとも追加引当が必要になり、その合計は68億ドルに達した。2Qでは、NPL（不稼働貸出）比率が0.92％と2019年末の2倍弱まで増加、これに伴い89億ドルの繰入れが発生、総貸出に対する引当率は3.27％と、2019年末の2.4倍近くに跳ね上がった。一方、政府の経済支援の効果が見え始めた3Qでは一転して取り崩しとなり、その額は4Q、FY21の1Qと増加している。この結果、JPMの四半期別の最終利益はFY20の1Qをボトムに回復に転じ、CET1比率も13％台が保たれている。

　結果論になるが、Day 1 で引当を増加させた保守的な対応が、その後の引当金取り崩しと最終利益の増加につながったといえるだろう。CET1比率

図表11-8　JPモルガンCECLの実際　　　　　　　　　　　　　　（単位：億ドル）

	(期末残高) 2019/ 12/31	2020/ 1/1 CECL 導入	FY20				FY21	
			1 Q	2 Q	3 Q	4 Q	1 Q	期末 残高
消費者向け引当金繰入れ	83	59	44	44	−4	−9	−45	171
うちクレジットカード	57	55	38	29	0	0	−35	143
うち住宅ローン	19	1	3	9	−3	−9	−6	14
その他	7	3	3	6	−1	0	−4	15
法人向け引当金繰入れ	60	−16	24	46	−3	−20	−7	84
引当金増減	—	43	68	89	−6	−29	−52	
引当金合計	143	186	254	343	336	307		256
総貸出比引当率	1.39%	1.86%	2.32%	3.27%	3.26%	2.95%		2.42%
NPL比率	0.48%		0.63%	0.92%	1.11%	1.04%		0.96%
CET 1 比率	12.4%	−15bp	11.5%	12.4%	13.1%	13.1%		13.1%
四半期当期利益	—	—	29	47	94	121	143	

（出所）　JPMorgan Chase

はFY20の１Ｑ ではCECL要因を含め0.9％低下したが、利益蓄積で３Ｑ では2019年末の水準を超えるところまで来ている。

WFC―将来シナリオの読み違いで２Ｑ FY20が赤字決算に

　WFCはDay１で引当金が13％減少、CET１比率は９bp改善した（図表11-9）。しかし、JPMと同様にFY20の１Ｑ と２Ｑ で追加引当が必要となった。追加引当の額は２つの四半期で合計113億ドルとなり、２Ｑ では赤字決算を余儀なくされた。

　WFCに関してはそもそも、１Ｑ における総貸出比引当率がJPMの約半分であり、市場では引当率が低いとの声があった。開示資料によれば、Day１で法人向け引当を45％削減したが、２Ｑ の第１四半期で2019年末の残高を上回る64億ドルの引当を繰り入れている。結果としてちぐはぐな対応となったが、Day１で保守的な引当をしていれば、２Ｑ での赤字決算は避けられたか

図表11-9　ウエルズファーゴCECLの実際

（単位：億ドル）

	（期末残高）2019/12/31	2020/1/1 CECL導入	FY20 1Q	FY20 2Q	FY20 3Q	FY20 4Q	FY21 1Q	FY21 期末残高
消費者向け引当金繰入れ	42	15	10	20	2	−8	−8	73
法人向け引当金繰入れ	62	−28	19	64	−1	0	−8	107
引当金増減	—	−14	29	84	1	−8	−16	
引当金合計(A)	105	91	120	204	205	197		180
総貸出比引当率	1.09%		1.19%	2.19%	2.22%	2.22%		2.09%
NPA比率	0.59%		0.63%	0.83%	0.89%	1.00%		0.95%
CET 1 比率	11.1%	＋9bp	10.7%	10.9%	11.4%	11.6%		11.8%
四半期当期利益	—	—	7	−24	20	30	47	

（出所）　Wells Fargo

もしれない。

　IFRS 9 もCECLも将来の予想に基づく引当であるが、将来のシナリオ策定に関しては銀行の判断に任されている。あらかじめFRBがシナリオを提示するストレステストとはその点で異なるが、Day 1 はB/Sイベントであり、JPMとWFCのケースをみても、CET 1 比率がやや低下しても厚めの引当をすることが得策であるように思える。CET 1 資本の高さはしばしば、赤字決算への耐久力として議論されるが、ECLにおいてはDay 1 における引当につながることが重要だろう。

日本への示唆：「新規貸出実行時に ロスを想定する」ことの意味

厚めの引当に関する２つの座標軸

　ECL引当では、どの銀行が厚めの引当をしているかの単純比較はむずかしい。貸出ポートフォリオなど対象債権の中身が、銀行によって違うためである。そこで考えられるのは、ある時点での不良債権比率と総貸出に対する引当率を比較する方法だろう。貸出に対する備えとしては正確には担保価値も入れる必要があるが、引当率を使っても全体の傾向はつかめる。不良債権比率に対して引当率が高ければ、その銀行は貸出債権の劣化を保守的に見込んでいることになる。逆に引当率が低い場合、WFCのように今後の動向によっては大幅な追加引当が必要になる。

　日本の会計制度にECLに相当するものはないが、2020年３月期にいくつかの銀行が「ECL的」な引当を実施した。ここで「的」という言葉を使ったのは、IFRS９のような複数のマクロシナリオや、CECLのような全対象債権に対してLifetime引当が行われたわけではないためだ。ただ、現在の枠組みのなかで、これまでより保守的な引当がされているのは間違いない。

　金融検査マニュアルの廃止により債権分類も各行の判断に委ねられたが、２つの計数をみれば各行（グループ）の比較が可能になる。ゆうちょ銀行とセブン銀行を除く時価総額上位30行について、2020年９月末時点でのリスク管理債権比率と貸出比の引当率をプロットすると銀行間の格差が鮮明になる（図表11-10）。ここで開示不良債権ではなくリスク管理債権を用いたのは、リスク管理債権が連結子会社を含む計数であるためである。

　傾向線より上にある銀行が、相対的に厚めの引当をしていることになる。たとえば、新生銀行は消費者金融業務に、あおぞら銀行は海外貸出に厚めの引当をしているとみられる。ただ、傾向線より下にある銀行が保守的でない

図表11−10 邦銀上位行：貸出比引当率（連結、2Q FY20）

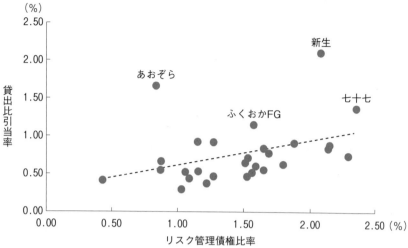

（注） リスク管理債権で連結の開示がない銀行は単体を使用。
（出所） 各行

図表11−11 リスク管理債権比率と自己資本比率（連結、2Q FY20）

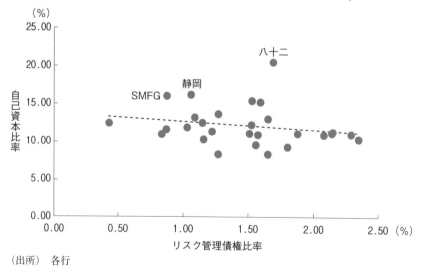

（出所） 各行

とは一概にはいえない。ECL引当の導入時においては、自己資本比率の高い銀行に余力があるためである。

　2020年9月末でリスク管理債権と自己資本比率をプロットすると、傾向線は必ずしも右肩上がりにはならない（図表11−11。自己資本比率に関しては国際基準行にはCET1比率を、その他の銀行には国内基準の自己資本比率を使用）。その理由は各行の貸出ポートフォリオの違いによるが、傾向線より上の銀行はECLの導入時に、柔軟な対応が可能になる。

ECLがもたらす合理的な貸出金利

　一般に邦銀の貸出では、借主の返済能力を審査し、保証や担保を徴求することで、貸出実行時に個別の損失を見込むことはない。これに対して欧米のECL引当では、実行時にあらかじめ一定の損失を想定する。日本で実行時に損失を見込むのは、消費者金融業務などに限られるが、本来、貸出金利は一定の損失リスクを前提に設定されている。引当に関する日本の発生主義と欧米のECLとの最大の違いは、発生主義が「過去」を基準とするのに対して、ECLでは「将来」のマクロシナリオを前提にすることにある。

　日本における法人向け貸出や住宅ローンにおける貸出金利の継続的な低下は、信用リスク面では貸倒実績率の低下で正当化されていた感がある。しかし、ECLでは、中長期的なマクロリスクに見合わない金利は合理性を欠くことになる。

　コロナ禍のなかで、邦銀の引当もECL的な手法が取り入れられていく可能性がある。第1章で述べたように、貸出金利の低下は、歴史的な低金利で預金が貸出を上回るオーバーディポジットがその背景にあると考える。マイナス金利政策のなかでも銀行の利鞘がさほど低下しなかったスウェーデンでは、預貸率が常に100%を超えていた。

　オーバーディポジットによる貸出に対する過当競争が、継続的な金利低下につながったわけだが、貸倒実績率が少しでも上がれば、現在のような金利設定ではたちまち赤字決算に陥る可能性が高い。低金利が限界的な企業の延

命につながっているとの見方があるが、信用リスクに見合わない金利は取引先をスポイルしていることは事実だろう。「貸出実行時に一定の損失リスクを見込む」という発想への転換が、不毛な金利引下競争の見直しにつながることを期待したい。

5　日本版ストレステストに向けて：ここでも専門人材の採用・育成が必須

資本政策をFRBが判断する米国のCCAR

フォワードルッキングという考え方は、会計制度ではIFRS 9・CECLに、銀行監督面ではストレステストに反映されている。ストレステストは米国、EU、英国で実施されており、日本でも日銀がマクロストレステストの結果を公表している。ここでは、個別行の資本政策まで踏み込む米国のCCARと、日本への示唆を考えていきたい。

リーマンショックに対する反省をふまえ2011年から実施されているCCARは、現在、米国内で資産規模が大きい33の金融機関が対象になっている。内訳は四大行にゴールドマンサックス、モルガンスタンレー、バンクオブニューヨークメロンを加えたG-SIBsが7行、U.S.バンコープ、トゥルーイスト、PNCなど大手地銀が15行、HSBC、サンタンデール、BNPパリバ、MUFGアメリカスなど外銀の米国子銀行が10行と、アメリカンエクスプレスである。

CCARは毎年実施されており、対象行を審査、その結果を公表している。FRBは各行の配当や自社株買いなど資本政策について、その可否も判断する。2020年3月のCCARでは、コロナ禍で配当に制限がかかり、自社株買いが認可されなかった。

FRBはコロナ禍をふまえ、異例となる同年2回目のCCARを12月に実施し

	米国					欧州	アジア	日本
	実質GDP	失業率	CPI	10年物国債金利	株価(DJ)	実質GDP	実質GDP	実質GDP
3Q 2020	24.0	9.5	3.6	0.3	35,961	35.0	1.0	− 0.3
1Q 2021	− 3.6	11.3	1.4	0.3	19,841	− 3.0	3.7	− 1.6
3Q 2021	− 0.2	12.2	1.4	0.5	18,530	− 1.8	7.6	− 1.7
1Q 2022	5.7	12.0	2.1	0.7	20,479	1.0	4.8	− 1.9
3Q 2022	10.8	10.2	2.3	1.0	23,779	7.0	5.7	− 2.1
1Q 2023	8.2	8.4	2.1	1.2	28,338	9.0	6.3	− 1.3
3Q 2023	5.3	7.5	2.0	1.5	34,231	11.0	10.2	− 0.1

（出所）　Federal Reserve Board

た。このCCARでは9月に「著しくネガティブ」と「ネガティブ（代替シナリオ）」の2つのマクロ前提が公表され、各行はそれに沿ったテストを実施、その内容をFRBが判断した。

　このうち著しくネガティブなシナリオをみると、米国内では実質GDP、CPI、失業率、10年物国債金利、住宅価格、株価など16の計数が2020年3Qから2023年3Qまで四半期ごとに示された。海外では欧州、アジア、日本、英国の4地域に関して実質GDP、CPI、為替レートの3つ、あわせて12項目が具体的な指数として示されている（図表11−12に主要項目を掲載）。ちなみに米国の株価（ダウジョーンズ株式総合指数）前提をみると、2021年の3Qでは1万8,000台となっており、きわめて保守的なシナリオであることがわかる。

　著しくネガティブなシナリオのもとでは、銀行は赤字決算に陥り自己資本比率が低下する。それでも、CET1比率が規制上の下限である4.5％を下回らなければ、その銀行の健全性が保たれていることになる。FRBが個別行に関して公表した資料では、FY22の3QにおけるCET1比率の推計値と、そこに至るまでの最低値が記載されている（図表11−13）。計数は銀行によっ

図表11-13　FRBによるストレステスト（2020年12月、CET 1 比率）

（単位：％）

	2 Q FY20 実績	著しくネガティブなシナリオ			2 Q FY20 実績	著しくネガティブなシナリオ	
		3 Q FY22	最低値			3 Q FY22	最低値
平均（33行）	12.2	10.2	9.6	Capital One	12.4	7.2	7.1
Bank of America	11.6	9.5	9.3	Citizens	9.6	6.3	6.3
Bank of NY Mellon	12.7	14.6	11.9	PNC	11.3	9.8	9.6
Citigroup	11.8	10.9	9.6	Truist	9.7	7.9	7.8
Goldman Sachs	13.3	9.3	8.5	U.S. Bancorp	9.0	8.0	7.4
JPMorgan	12.4	10.8	10.0	Wells Fargo	11.0	8.7	8.3
Morgan Stanley	16.5	13.1	12.4	MUFG Americas	14.5	10.9	10.9

（注）　3 Q FY20から 3 Q FY22のシナリオ。最低値は期中に考えられる最も低い計数。
（出所）　Federal Reserve Board

てかなり異なるが、総じてマネーセンター行が比較的高い水準を確保できるのに対して、地銀では平均を下回る例が多い。それでも、2020年12月のCCARでは、全行が合格している。

日本への示唆──内部モデルの改善、精緻化に向けて

日銀は毎年 2 回、金融システムレポートのなかでマクロストレステストの結果を公表している。2021年 4 月のレポートでは、国際基準行の2023年度CET 1 比率はベースラインで13.0％、感染症再拡大シナリオで10.4％、金融調整シナリオで7.4％になるとしている。国内基準行のコア資本比率は順に10.2％、9.2％、8.4％となる。ただ、これは銀行全体の計数であり、個別行に関するものではない。

個別行に関しては2019年度に、日銀と金融庁が初めて「共通シナリオに基づく一斉ストレステスト」を実施、2020年10月にその概要が発表された。対象はメガバンク 3 社と、三井住友トラストホールディングス、農林中金の 5

社。たとえばストレス時の信用コスト率（信用コスト／貸出残高）は、A社が1.3%と推定したのに対して、日銀のテスト結果は0.9%だった。C社の推計値は1.0%であったが、日銀のテスト結果は1.7%であり1.0%を上回った。一方で、E社の推計値である1.5%は、日銀のテスト結果と一致した。一斉テストの実施後、各行と当局の間でテスト結果の違いがなぜ生じるかが議論された。

　共通シナリオによるストレステストは今後も継続されるが、その過程で当局と大手行の認識の差が埋まっていくとみられる。一斉テストの範囲は、大手地銀にも広がっていく可能性がある。

　銀行の貸出、証券ポートフォリオをグループ化し、外部指標による変動を予想するにはモデルが必要である。多くの銀行でモデルの改善、精緻化が重要となるが、そのためには専門家の採用、育成が欠かせないだろう。専門人材はIT部門、市場部門、コンサルティング業務にとどまらず、経営の中枢であるリスク管理部門でも必須になっている。

第 12 章

日本での応用

―「三方よし」への道―

銀行に戦略転換迫る ミレニアル世代の台頭

DX、CX、ESG、SDGsが潮流となる背景

本書ではここまで海外の金融機関、フィンテック事業者などの事例をもとにDX、CX、従業員エンゲージメントなどを論じてきた。筆者は、ESG・SDGsが企業の行動規範になりつつあるなど、世界の潮流の大きな変化の背景には、ミレニアル世代が社会の中核を占めるようになったことがある、と考えている。

ミレニアル世代とは、1981年以降に生まれ2000年以降に成人を迎えた世代の総称である。さまざまな定義があるが、米国では1981年から1995年に生まれた人々を指し、Y世代とも呼ばれる。それよりさらに年代の若い1996年から2012年前後に生まれた人々は、Z世代と呼ばれる。ミレニアル世代はデジタルネイティブとされ、生まれた時からインターネットが身近にあり当たり前のように接してきた。スマホを通じてSNSを積極的に利用し、情報リテラシーが高く、物質的な豊かさより精神的な豊かさを求める傾向がある（図表12－1）。

2015年に米国の中堅広告代理店であるCone Communicationが行った調査によると、ミレニアル世代のうち91％が、なんらかの社会的貢献をしている企業からの商品やサービスの購入を好み、62％が社会的貢献をしている企業で働けるのであれば報酬カットを受け入れる、と回答している。世界中で経済成長率が鈍化し、前の世代より収入が下がる傾向があるなかで、フリーランスが増えるなど働き方も多様化している。

ミレニアル世代は日本ではほぼ「ゆとり世代」に相当し、それまでの家庭を顧みない働き方から、ワークライフバランス重視への転換がみられる。世界で同じ世代に属する人々の価値観をワンパターン化してとらえるのは適切

図表12-1 米国における世代分け

	ベビーブーマー世代	X世代	ミレニアル世代（Y世代）	Z世代
出生時期	1946〜1964年	1965〜1980年	1981〜1995年	1996〜2012年
2021年での年齢	57〜75歳	41〜56歳	25〜40歳	19〜24歳
代表的な製品デバイス	テレビ	テレビ、パソコン	スマホ、タブレット	AR、VR、ウェアラブル端末
コミュニケーションメディア	電話、ファックス	電話、メール	SMS、SNS	SMS、SNS
特徴・傾向	私生活より仕事・組織優先。熱心な働き手世代	前世代よりは独立心・順応性が高く、情報技術に知識がある。ワークライフバランス重視へ	情報技術に精通（デジタルネイティブ）、社会的意識が高い	前世代と同傾向。完全なスマホ・SNS世代（ソーシャルネイティブ）

(注) 上記の世代分けは主に米国のものだが、出生時期に関する厳格な定義はない。なお、日本では1947〜1949年生まれをベビーブーマー（団塊の世代）、1960年代生まれを新人類、1971〜1982年生まれを就職氷河期世代などとも呼ぶ。
(出所) パソナキャリア、Wikipediaなどから筆者作成

ではないが、日本でも米国でもこの世代が全人口に占める割合はすでに2割を超えており、社会への影響力が年々増している。チャレンジャーバンク、ネオバンクの創業者やCEOにもこの世代が多いのも見逃せない点である。

銀行経営陣とのアンマッチ

　一方で、既存銀行の経営陣のほとんどは、その前のX世代（1965〜1980年生まれ）やベビーブーマー世代（1946〜1964年生まれ）であり、各行のビジネスモデルもミレニアル世代向けになっていない。そのなかで世界の銀行は、

必死にビジネスモデルの転換を図っている。日本の銀行もDXやSDGsを切り口に戦略転換を急ぐが、その背景にミレニアル世代の台頭という、大きな社会潮流の変化があることを忘れてはならないだろう。

　DXやSDGsは、キャッシュレス決済の浸透や機関投資家からのプレッシャーで、仕方なく行うものではない。新しい時代に対応するために、避けて通れない施策である。第1章で述べたとおり、銀行が能動的なアクションをとらない限り、「衰退」が現実味を帯びる。しかし、現在の顧客基盤や業務内容からすれば、急激な転換は現実的ではない。できるものから、実績を積み上げていくことが重要だろう。なお、世代バランスでもう一つの大転換はベビーブーマー世代の高齢化だが、ここでも新しい戦略が求められる。

2　「三方よし」の現代的意義
ステークホルダーの点検⑴：顧客との関係

買い手は顧客、売り手は従業員と株主、世間は地域社会と当局

　2019年8月、米国の大企業のCEOが参加するビジネスラウンドテーブルは、企業の目的に関する声明を発表した。顧客、従業員、地域社会、株主といった多様なステークホルダー（利害関係人）にコミットするとしたこの声明は、株主至上主義からすべてのステークホルダー重視に舵を切ったものとして、市場では驚きをもって迎えられた。ただ、各社のアニュアルレポートの巻頭CEOメッセージは、その後も、多くの企業で「親愛なる株主の皆さんへ」というフレーズで始まっており、株主が最も重要なステークホルダーであるという事実に変わりはない。声明は、ミレニアル世代の感性にあわせるかたちで、他のステークホルダーの相対的地位を上げたものと筆者はみている。

　すべてのステークホルダー重視という観点では、日本では近江商人の江戸

時代からの経営哲学である、「三方よし」がその先駆けといえるかもしれない。売り手の都合だけでなく、買い手が真に満足する商いを行い、さらに地域社会の発展に貢献しなければならないという考え方は、そのまま現代にも通じる。

　銀行のステークホルダーには、顧客のほか、従業員、株主、地域社会と監督当局があるが、三方よしに当てはめると顧客が買い手、従業員と株主が売り手、そして地域社会と当局が世間に相当するだろう。

邦銀は安価で良質な金融インフラを顧客に提供

　チャレンジャーバンクやネオバンクの成功の背景には、既存銀行のサービスが行き届いていない、あるいはフィーが高い分野における革新的な業務が消費者の支持を集めたことがあることは前述した。では、なぜ日本で欧米のようなベンチャー発のチャレンジャーバンクが、大きなプレゼンスをもつに至っていないのだろうか。ECモールなどの流通系に加え、証券会社、通信会社、キャッシュレス決済会社などによって設立された「新たな形態の銀行」はいずれもすでに相応の規模となっているが、既存銀行の顧客基盤が大きく侵食されているという話はあまり聞かない。

　隠れた手数料なしでユーザーが1,200万人を超えた米国のチャイムが、ホームページで開示している既存銀行との手数料比較表をここでもう一度みてみよう。図表12－2では、新たに日本の三大行の標準的な手数料体系を加えた。口座の比較は米国では当座預金、日本では普通預金を使ったが、口座維持手数料や最低預入残高は、チャイムと同様、邦銀の水準はゼロとなっている。個人向けの当座貸越は日本では一般的ではないが、自行系列以外でのATMでの現金引出手数料も、邦銀はチャイムと遜色ない。海外送金手数料を除けば、邦銀はチャイムと同様の安価な手数料体系をもっているといえよう。

　図表12－2には国内送金はないが、報道によれば邦銀主要行がスマホを使い、10万円までの振込手数料を無料化する方向にある。銀行が共同で個人間

図表12-2　米銀と邦銀の手数料比較

当座（普通）預金	チャイム	バンクオブアメリカ	邦銀（三大行の標準的ケース）
口座維持手数料（月間）	$ 0	$ 12	￥0
最低預金額	$ 0	$ 25	￥0
当座貸越手数料	$ 0	$ 35	―
デビットカード再発行手数料	$ 0	$ 5	￥550～￥1,100
海外送金（仕向、個人）	$ 0	3 %	￥2,500～￥8,000
ATM（ネットワーク外、出金）	$ 2.50	$ 3	￥0～￥330

（注）邦銀のカード再発行手数料はキャッシュカードのもの。
（出所）　Chime、邦銀は三大行のホームページから筆者作成

図表12-3　銀行口座保有率、銀行支店数、ATM台数

	日本	英国	スウェーデン	米国	中国	ブラジル
銀行口座保有率（15歳以上）	98%	96%	100%	93%	80%	70%
銀行支店数／1,000km^2	103	55	3	9	11	4
銀行支店数／成人10万人	34	25	16	31	9	19
ATM台数／1,000km^2	376	251	6	47	117	20
ATM台数／成人10万人	124	150	30	174	96	102

（出所）　銀行口座保有率：World Bank、Financial Inclusion Data 2017
　　　　支店数、ATM台数：IMF、Financial Access Survey 2020（2019年の計数）

の送金手数料を無料化した事例には、ノルウェーのヴィップスやシンガポールのペイナウがあるが、日本でも同様のサービスが始まることを期待したい。

金融包摂の面ではどうだろう。国民の銀行口座保有率は日本がほぼ100％で、中国の80％やブラジルの70％とはかなり事情が異なる（図表12－3）。面積当り、あるいは人口当りの銀行支店数は非常に多く、面積当りのATM台数も日本は高い水準にある。人口当りのATM台数では日本を上回る国もあるが、統計にはコンビニなどに設置されたATMは含まれていない。欧米と同様、日本でも消費者による銀行への不満はよく聞かれる。しかし、手数料の比較では、邦銀は世界的にみて安価で良質な金融インフラを提供しているといえる。

DX進展後の支店のあり方：理想は個人専門店、法人専門店、FA専門店の３類型

　ただ、DXが進むなかでこれまでどおりの金融インフラの提供コストが負担になることも十分に考えられる。日本では国民が銀行に完璧な事務を求める傾向があり、これがシステム経費の高止まりにつながっている。在留邦人のSNSをみると、欧米では銀行の事務ミスが散見され、ATMの現金が不足することもある。もし日本でそうしたことがあれば、ニュースとして大きく取り上げられるだろう。

　邦銀では「完璧な事務」を行う一方で、支店やATMの運営コストが高止まりしており、改善の余地があるのは間違いない。図表12－3でスウェーデンの計数をみると、日本でも顧客の理解が得られれば、支店やATMをかなり削減できると考える。DNBやDBSなどの事例をみると、日本でもDX進展後の支店のあり方を再検討するタイミングに来ているように思える。

　国内支店に関しては、これまでも多くの改革が試みられた。わかりやすいのは、支店を個人と法人専門店に分けることだろう（この場合、中小企業オーナーなどとの取引をどう取り扱うかという問題があった）。DXが進展すれば、多くの取引がネット経由になり、支店はどうしても対面でのやりとりが必要な業務に特化すればよいことになる。個人業務と法人業務は別のアプローチが必要だが、新時代の個人専門店はネットでは完結できない事務を取り扱う

とともに、スマホバンキングの操作にかかわる相談窓口に姿を変えるべきだろう（図表12－4）。

　事務専門の小型店舗は収益面で課題があるが、金融インフラを支えるコストとして割り切ることが必要だ。スマホバンキングの相談窓口は、CX情報収集の最前線という役割もある。今後は当然、現金を扱う店舗はここだけになる。なお、事務専門店に資産運用窓口を併設することも現実的と考える（行員のモチベーションを考え、同じ支店内であっても別組織にすることも検討すべきだろう）。

　法人専門店は人員を厚めに配置することで、専門スタッフの集約化を図るべきだ。中小企業向けのソリューションやコンサルティング営業では、案件の発掘から実行、アフターフォローまでノウハウの蓄積が必要である。規模の小さな組織では一人ひとりが業務に追われ、先輩から後輩への指導が十分にできないケースがある。一方、大きな拠点では成功事例を共有することで、組織の活性化が期待できる。

図表12－4　DX進展後の支店のあり方

	立地	人員	業務内容
個人専門店	鉄道ターミナル、ショッピングモールなど	5〜10名	基本は事務専門店。ネットで完結しない事務手続、スマホバンキングの指導、FA専門店への誘導
法人専門店	企業集積地、空中店舗	10〜50名	ノウハウの集約化による、中小企業へのソリューション、コンサルティング営業（事業承継、M&A、ストラクチャードファイナンス、DX・SDGs支援など）
FA専門店	鉄道ターミナルやショッピングモールの一区画、廃店跡地の一部	2〜5名	FPなどの資格保有者による資産運用、相続の相談。弁護士、会計士、税理士の紹介

（出所）　筆者作成

法人取引では、取引先を訪問することによりニーズの発掘が可能になり、信頼感が醸成される。しかし、支店の数が減れば取引先までの物理的距離が長くなるという難点がある。訪問頻度の低下はウェブ会議である程度補えるが、ここでもノウハウの蓄積、共有が重要になる。本部に対する専門的な支援の依頼も、先輩が後輩の相談に乗るべきだろう。なお、法人専門店は空中店舗でも何の支障もない。名称も支店ではなく、地域名＋法人営業部（たとえば、東京営業部）にすることも一つのオプションとなる。

　FA専門店は、邦銀にとって新しいコンセプトである。EJのように専門家を配置した超小型店舗をターミナル駅やショッピングモールの一角、あるいは廃店になった場所の一部を利用してスタートするのはどうだろう。FPなどの資格をもった専門家に対しては、総合職とは別の体系での処遇とする。転勤はできる限り抑え、予約した顧客とじっくり話をする。近隣の個人専門店に会議室のスペースがあれば、そこでウェブ会議を行うことも考えられる。

　なお、ATMの削減も進めるべきだが、代替としてDBSが導入しているようなVTMを設置することも検討したい。VTMはビデオテラーマシンの略称であるが、オペレータがTV画面で対応する新しいかたちのATMである。

3 ステークホルダーの点検(2)：従業員

複線的人事制度導入の鍵はモビリティの確保

　DNBやDBSがDXに成功した最大の要因は、自前でIT人材をそろえたことにある。日本でも、デジタル庁の発足で、官民で優秀なIT人材の争奪戦が始まる。民間のなかでも、銀行に奉職してくれる人材がどれだけいるかが重要になる。IT人材はリスク管理部門でも必要になるが、専門家の採用、育

図表12-5　複線的人事制度

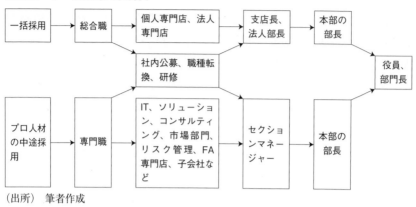

（出所）　筆者作成

成は本部におけるソリューション、コンサルティング営業の支援部門、さらに市場部門でも欠かせない。地域商社など子会社での業務でも、専門家の有無が業績に直結する。

　銀行がさまざまな分野で競争力を発揮するためにはプロが必要で、総合職のローテーションでは太刀打ちできない。しかし、プロ人材は一括採用、年功序列、終身雇用を前提とする現行の人事体系での位置づけはむずかしい。また、市場並みの給与で処しても、やりがいを感じなければ定着しないだろう。一方で、専門職に破格の待遇を与えれば、既存の総合職に不公平感が生まれる。

　複線的人事制度導入の要諦は、銀行内での人材移動の自由を確保することにある。現在の総合職制度を一気に変えるのはむずかしいが、専門職には中途採用に加え、社内公募を行うなど総合職からの職務転換を可能にするような制度とすることが望ましい（図表12-5）。中途採用されたプロ人材は、自らの職務に加え、社内研修の講師になって後進の育成にも携わる。年収はプロ市場の平均をやや上回るかたちとし、将来の部門長への道筋を示す。当然、専門職から総合職への転換の道も残しておくべきだろう。

業界再編で重要となるプロ人材育成の視点

　プロ人材の採用、育成やDXに関する最大の課題は、行内に十分な予算を確保できるかである。プロ人材が一握りではなく、たとえば全体の５％程度まで拡大した場合、年功序列という永年慣れ親しんだカルチャーとのギャップを、どう埋めるかとの問題もある。ITに関しては、これまでと同様、システムベンダーに依頼するという選択肢がある。ただ、それではアジャイル（迅速）なサービス提供に支障をきたすおそれがある。内製化は、避けて通れない流れだろう。

　DXのための統合という新しいかたちを示したのが、米国の大手地銀であるトゥルーイストである。事務の合理化で削減した経費を、DX投資に振り向ける。支店の事務人員を、IT人材に入れ替えることも進める。日本における業界再編の議論では、経費削減が注目されるが、今後はDXなどプロ人材の採用、育成のための統合という視点が最も重要になるだろう。米国のように人材の入替えが早期に進められるわけではないが、プロを受け入れることで、前向きのカルチャーへの転換がみえてくる。

　トゥルーイストによる次期CEOの選定も、興味深い。一般に、日本で統合がうまくいかないとされるのは、旧行意識がなかなか払拭されないためだ。ただ、統合後の初代CEOが相対的に規模の大きな銀行の出身者として、２〜３年後の次期CEOを規模の小さな銀行の出身者とすれば、旧行のそれぞれに強い当事者意識ができるというメリットがある。

エンゲージメントに欠かせない経営陣と従業員のコミュニケーション

　銀行の資産は、極論すれば人材しかない。その人材の能力を引き出すために、従業員エンゲージメントは欠かせない。U.S.バンコープやRBCのように、行員のほとんどが「勤務していることに誇りをもつ」銀行になれば、組織が生き生きとしたものになり、退職者が減る。エンゲージメントのカル

チャーをつくるために筆者が考える施策には、①DBSのように業務を楽しいものと考え、②SDGsなど社会貢献と結びつけ、③銀行経営全体への参加意識を高めることがある。

きれいごとにすぎないとの批判もあろうが、現状を少しでも改善できるのであれば、チャレンジする価値がある。海外の事例からは、エンゲージメントを高めるためには経営陣のリーダーシップが必要不可欠であることがわかる。インターネット上にさまざまな情報があふれる現在、社会における銀行の役割、一人ひとりの働きがいは行内の以心伝心では伝わらない。

経営陣と一般の行員を結びつけるものに、タウンミーティングがある。理想的には、経営陣が全支店を訪問し直接対話をすべきだが、ウェブ会議でも思いは十分に伝わるだろう。会議では職制への忖度が働くことも考えられるので、行員の率直な意見を聞くためにノーネームベースにするなどの工夫が必要だ。ウェブ会議は支店単位に加え、職位別や年次別でも効果が得られる。

ESG、SDGsに関しては、法人顧客へのソリューション、コンサルティング営業の一環として位置づけるとともに、成功事例は動画にして行員が共有する方法が考えられる。

中計策定前に、全行員にアンケートをとることも重要と考える。中計は行員の日々の業務にとっては遠いものだが、少なくともコンセプトに関しては、部店単位で30分でもいいのでフリーディスカッションの場を設けることはどうだろう。思いがけないアイデアが出てくる可能性もある。

女性の幹部登用に向けた業務フロー改革

職場でのジェンダーギャップの改善も、エンゲージメントを高める。世界で初めて性別クオータを制度化したノルウェーに本拠を置くDNBをはじめ、米国のシティグループや英国のナットウエストのCEOは女性である。上場邦銀・グループではまだ女性CEOはいないが、CFOの事例はある。

一方、社外取締役ではなく社内取締役への女性の登用は進んでいない。日

本での性別クオータ制の議論は政治の場で始まったばかりだが、東証が2021年6月に発表したコーポレートガバナンス・コードの改定版では、管理職の登用に関して測定可能な自主目標の設定が求められている。

　メディアや識者は、転勤や時間外労働時間の多さが女性の活躍を阻害していると評する。日本企業の組織は男性総合職を前提にしているが、人口減少のなかでは働き方の改革が必要だ。ここで筆者が考える改革とは、女性の産後の復職や男性の育児休暇の取得に加え、業務フローを見直すことにある。

　たとえば、時間外労働の原因を調査し、ITで置き換えられるものを抽出する。本部が求める支店からの各種報告や、部支店での内部監査準備のほとんどはAIで代替可能と考える。コンプライアンスやマネロン関係でも、ITサポートが有用だ。新たなシステムの構築には時間やコストがかかるが、必要なコストと考えるべきだろう。転勤を同じ地域内に限定する、地域総合職の割合を増やすことも検討したい。

　女性の支店長や部長への登用に関しては、本人のモチベーションのほか、経験不足を補う仕組みが必要だろう。そのなかで、経営陣にはまず職務を任せてみるという発想を望みたい。役員への登用に関しては、必ずしも多くの部門を経験している必要はない。銀行にとって理想的な役員の構成は、専門分野で高度な判断ができる人材の集まりと考える。頭取や社長などCEO職への選任は、基本的に指名委員会の決定事項となるが、対象者がある程度の経験を積めば、ジェンダー差は大きな要素にならないと考える。

　なお、U.S.バンコープのCDO（チーフ・ダイバシフィケーション・オフィサー）の職務には、ジェンダーのみならず、人種やLGBTへの対応も含まれる。邦銀よりはるかに複雑でセンシティブな業務をこなしている。

4 ステークホルダーの点検⑶：
株主、当局、地域社会

東証プライム市場の設立と、コーポレートガバナンス・コードの改定

　ビジネスラウンドテーブルの提言は、ステークホルダー間のバランスに一石を投じたが、株式会社にとって最も重要なステークホルダーが株主であることに変わりはない。折しも、東証は2022年4月からの新たな市場区分を発表した（図表12－6）。現在の5つの区分は流通時価総額などによって3つに再編されるが、銀行を含め東証1部の上場企業の多くが、プライム市場に移るとみられている。この市場改革にあわせて、プライム市場への上場企業を

図表12－6　東証の新市場区分（イメージ）

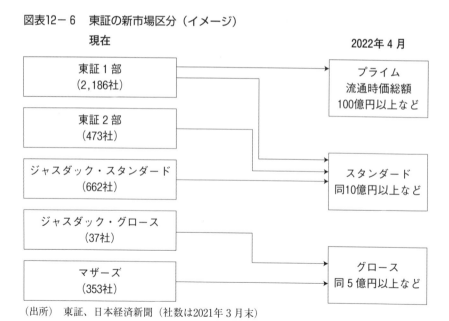

（出所）　東証、日本経済新聞（社数は2021年3月末）

主な対象として、東証は2021年6月、コーポレートガバナンス・コードの改定版を施行した（図表12－7）。

　独立社外取締役の数が最低2名から、3分の1以上、必要があれば過半数まで拡大されたほか、指名委員会、報酬委員会の設置が求められる。持続可能なビジネスモデルについては、TCFD（気候関連財務情報開示タスクフォース、Task Force on Climate-related Financial Disclosures）など国際的な枠組みに基づく情報開示が求められる。

　株式市場では物言う株主の活動が活発化しており、国内の機関投資家も議

図表12－7　コーポレートガバナンス・コード（CGC）改定

	旧規定	（新規定）プライム市場上場企業
独立社外取締役	・少なくとも2名	・3分の1以上、必要な場合は過半数 ・他社での経営経験をもつ経営人材を含めるべき
指名委員会、報酬委員会の設置	・任意	・独立した委員会を設置すべき ・独立社外取締役を委員会の過半数に選任
取締役会	・知識、経験、能力をバランスよく備え、多様性と適正規模で構成	・経営戦略に照らして取締役会が備えるべきスキルと各取締役の対応関係の公表
企業の中核人材における多様性の確保	・女性の活躍促進を含む多様性の確保を推進	・管理職における多様性の確保（女性、外国人、中途採用者）についての考え方と、測定可能な自主目標の設定
サステナビリティをめぐる課題への取組み	・適切な対応	・TCFDなど国際的枠組みに基づく気候変動開示の質と量を充実

（出所）　東証

案によっては株主総会で反対票を投じるようになっている。株主の行動規範の変化が、CGC改定の背景にある。国内外の機関投資家は相対的に高いパフォーマンスをあげるとともに、顧客の思いに寄り添う必要がある。顧客とは、各種の年金や私募投信の最終投資家である個人である。ここでも、ミレニアル世代の台頭が潮流の変化につながっている。

　一般に機関投資家からは、短期的な業績改善と過大な株主還元の要望を受けるといわれる。しかし、機関投資家も顧客からの強いプレッシャーを受けていることを理解すべきだろう。たしかに、DXやCXで先行する海外の銀行と比較すれば、邦銀の動きはアジャイルではない。ただ、マイナス金利のなかで業務をいかに改革し、収益につなげるかを粘り強く説明していけば、長期的な安定保有株主になってくれる可能性がある。

　なお、上場銀行の非上場化については、利益の社外流出や機関投資家からの過度な要求を抑制するという目的で議論される。ただ、上場銀行という社会的ステイタスがなくなることに対する地域経済への影響を考える必要があるだろう。さらに、実際に上場廃止となれば流通株を公開買付け（TOB）によって吸収する必要があり、買付け主体をどうするかなど、実務的なハードルは高いと考える。

当局とは率直な意見交換が必要

　大手米銀にとって株主還元の実施は、FRBが審査するCCARでお墨付きをもらわなくてはならない。業績とリスク管理を充実させることは、株主の要望と当局の要請に応えるという二重の意味で重要だが、その前提として当局との対話は欠かせない。

　日本でも個別ストレステストが試行され、大手行と当局の対話が始まったところだが、当局のモデルが必ずしも実態を反映しているとは限らない。不良債権処理が社会的な要請となった2000年前後と違い、金融検査マニュアルを基準とした立ち入り検査はない。また、貸出だけでなく有価証券などのリスクプロファイルは、銀行によって異なる。

必要なものは、対話というより率直な意見交換と筆者は考える。モデルに
とどまらず、地域経済の状況や銀行間の競争状況に関する意見交換も定期的
に行うべきだ。長期的な銀行のあり方に関しては、ビジネスモデルに加え、
業界再編や提携の方向性に関する突っ込んだ議論が、双方の理解につながる
と考える。

地域社会におけるDX、SDGsでの協働

　コロナ禍での定額給付金の支給やワクチン接種の予約では、国や地方自治
体のDXの遅れが指摘された。国に関しては、デジタル庁がさまざまな改革
を進めていくと思われる。しかし地方自治体に関しては、公金の収納を含め
課題が多い。銀行は自らのDXを進めるとともに、顧客に対するDXコンサ
ルティングを積極的に手がけるべきだが、その顧客には個人、法人のほか、
地方自治体も含まれる。

　中小企業に関しては、DXの遅れが生産性の低さにつながっているとの指
摘があり、銀行によるコンサルティングは高く評価されるだろう。銀行に
とっては、ファームバンキングを一挙に広げる機会でもある。こうしたwin-
winの関係構築が理想だが、中小企業にとってDXはコストがかかるという
難点がある。それをどう解決するかは、事業承継やM&A、販路拡大と同
様、ノウハウの蓄積と共有が、鍵を握ると考える。

　ESG、SDGsについても、銀行は自らの業務推進と顧客支援を同時に進め
るタイミングに来ている。たとえばカーボンニュートラルに関して、銀行は
単独で自主目標の達成ができるかもしれない。しかし、コスト増を懸念する
中小企業に対しては、コンサルティングが必要だ。ここでいうコンサルティ
ングとは顧客とともに悩み、解決策を見つけていくことを指す。今後の中小
企業業務の中核をなすのはソリューション営業だが、その範囲がさらに広く
なることが予想される。

5 新業務、新分野の開拓：徹底的なCXが前提

チャレンジャーバンクの起点は創業者の個人的な経験

邦銀に関しては、2017年に銀行業高度化等会社という概念が導入され、IT会社などへの5％超の出資が認められるようになった。これを受け、一部でECモールの運営が始まったほか、フィンテック関連会社や地域商社が続々と設立されている。ただ、チャレンジャーバンクやネオバンクにみられるような、斬新なビジネスモデルはみられない。

チャレンジャーバンク、ネオバンクの歴史をみると、業務の基盤が創業者の個人的経験をもとにしているという共通項がある。たとえばレボリュートは、創業者が海外出張した時のクレジットカードや両替手数料の高さに対する不満が、事業のスタートアップにつながった。オークノースでは、創業者が経営していたベンチャー企業が銀行融資を受けられなかったという苦い経験が、新銀行の立ち上げの原動力になった。また、ヌーバンクでは新規の銀行口座開設で非常に長い時間がかかったというひどい経験が、業務の基礎にある。

世界中の先進的な銀行が標榜するCXの要諦は、徹底的なユーザー視点に立った商品・サービスの開発だが、邦銀にそうした発想があるかは微妙かもしれない。たとえば、個人向けスマホバンキングの改善には、経営陣が個人として自行を含め多くの銀行やQRコードの決済会社、資金移動会社に口座を開設し、一個人としてサービスの良い点、悪い点を感じる必要があるだろう。中小企業向けファームバンキングでは、銀行からの出向者やOBの在籍している企業に出向き、使い勝手を率直にヒアリングすることが、次の展開につながる。

一般に、邦銀の新業務、新分野はスタート時点でサプライヤーとしての思

いが先行し、ユーザー視点に欠けるように思える。新商品・サービスの導入前に行員を対象としたテストマーケティングをすれば、それがCXの第一歩となる。CX専任の行員を数人配置し、短期的な結果を求めず、自由な議論ができるような組織をつくることが理想と考える。無論、起業家的な発想をもつ行員を採用、育成することが前提になる。

厳しい環境だからこそ銀行業を楽しくする施策を

海外事例の日本での応用に関しては、長期的な視点で、「できるものからできるかたち」で実施していくことが現実的だ。ビジネスモデルを完全に転換するわけではないので、「いいとこどり」になっても構わない。今後も、海外で新しい業務や考え方が出てくると思われるが、単純な礼賛や批判ではなく、環境の違いをふまえつつ虚心坦懐に学んでいくことが重要と考える。邦銀を取り巻く環境は、引き続き厳しい。しかし、厳しい時こそ「銀行業を楽しくする」施策を考えていきたい。

最後に、2015年創業のオークノースのコスラCEOが、FY20のアニュアルレポートで述べた「所信」を紹介したい。

◆　　◆　　◆

今後数年間は、非常に困難な時期になることが予想されます。しかし、2008年の金融危機で私たちが学んだ教訓は、最も困難な時期こそ有意義な機会が生まれる、というものでした。新しいビジネスとイノベーションがそこから生まれ、いくつかの業務が、以前よりもさらに強力で回復力のあるものになりました。

振り返れば、社会として、お互いを支え合い、弱者を助け、企業や雇用

者を守るために、私たちは集まりました。この方向が正しければ、2021年だけでなく、これからの世代にとっても素晴らしい未来が待っているでしょう。

私は借り手や預金のお客様、投資家、規制当局の皆さんに感謝します。そして何より、オークノースの旅の最初の5年間を、エキサイティングでインパクトのあるものにするのを手伝ってくれた、私たちのチームに誇りをもっています。

最初の5年間のシーズン1に続く、シーズン2が始まりました。

オークノース
最高経営責任者兼共同創業者
リシ・コスラ
2021年3月

あとがきにかえて

【コラム】 ジョブ型雇用としてのアナリスト

　本書ではジョブ型雇用とメンバーシップ雇用型の違いと、それぞれの得失を述べてきたが、筆者の体験からその実際に関してみていきたい。

高度プロフェッショナル制度：徹底した成果主義

　2019年に施行されたいわゆる「働き方改革法」のなかで、時間外労働上限規制の適用除外とされたのが「高度プロフェッショナル制度」である。単一賃金を支払うのではなく、成果によって評価することを目的にするもので、労働時間は個人の裁量に委ねられる。対象職務は、1,075万円以上の年収がある、①金融商品の開発業務、②資産運用、有価証券の売買業務（ファンドマネージャー、トレーダー、ディーラー）、③有価証券市場における相場・価値分析、投資助言業務（アナリスト）、④顧客の事業運営に関する調査・分析・助言業務（コンサルタント）、⑤新たな技術、商品、サービスの研究開発業務（メーカーや製薬の研究開発職）の5つ。

　アナリストには、機関投資家に所属しファンドマネージャーに助言するバイサイド・アナリストと、証券会社に所属し機関投資家に助言するセルサイド・アナリストの2つの種類がある。また、担当分野によって株式アナリスト、債券アナリスト、クレジットアナリスト、為替アナリスト、ストラテジストやエコノミストといった職種がある。株式アナリストは業種別に電機、IT、自動車、小売り、医薬品、金融などに分かれる。証券会社によっては、小型株やクオンツの専門家を置くところもある。

アナリストの報酬体系は固定給＋変動給：変動給の振れ幅が大きい

　ジョブ型雇用のなかでも、アナリストはやや特殊な位置づけになるが、参考のため待遇や評価の仕組に関して筆者のケースをもとに述べていきた

い。

　筆者は外資系証券会社に在籍していたため、日系の証券会社の人事評価体系には詳しくないが、外資系では報酬や昇進では透明な評価体系が適用されていた。ある年の評価が良ければ翌年の報酬が上がり、良くなければその逆となる。本社の業績や戦略によっては、最悪の場合、リストラの対象にもなる。まさに、ハイリスク・ハイリターンの職種である。

　以下は個人的な経験に基づくもので、異なるケースもあることを念頭に置いていただきたい。アナリストの報酬は、基本的には「固定給＋変動給（ボーナスやストックオプションなど）」で構成される。固定給は入社時に、競合他社の水準などを参考にして決められる。変動給は、会社の年間業績から全体のボーナスプールが決まり、これを個人に分配する方法がとられる。業績が良ければプールが増え、その逆ではプールが減る。ボーナスは通常年1回支給されるが、その時期は決算発表（12月）後の、1月か2月が普通である。

　変動給の決定要素は、会社の業績＋個人の業績になるが、その振れ幅は大きい。極端な場合、変動給が固定給の2倍以上になるケースもあれば、ゼロとなるケースもある。ただ、ボーナスプールが厳しい場合でも、成績の良いアナリストには他社からの引き抜き防止のため、相応のボーナスが支払われる。ストックオプションなどは、そうしたケースに適した仕組みだろう。

アナリストの評価体系：大口顧客からのポイントによる収益貢献の見える化

　セルサイド・アナリストに対する一般的な見方は、アナリストの日本語訳である「分析者」だろう。しかし実態は営業職であり、象牙の塔にいる研究者とは程遠い。

　証券会社の機関投資家向け株式業務には、デリバティブ関連などさまざまなものがあるが、アナリストが絡むものは現物株の売買推奨である。担当業界や企業に関して、取材をもとにレポートを作成、そのレポートをもとにし

た投資家訪問や、電話やメールでのやりとりで、パフォーマンス向上のための助言を行う。投資家は、そうした助言がどれだけ役に立ったかを、個人別のポイントにして証券会社にフィードバックする（ブローカー・ポイント）。

　たとえば、機関投資家Aが、ある四半期に株の現物取引で1億円の委託手数料を払うとしよう。Aが内部で証券会社のアナリストやセールスの担当者に対して合計1,000ポイントをもっていると仮定する。証券会社Bがそのうち300ポイントを得たとすれば、Bに対する委託手数料は3,000万円、300ポイントのなかでアナリストCが20ポイントを得ていたとすれば、Cの貢献は200万円となる。バックオフィスとの関係などでCの実際の収益は200万円とはならないが、Cの営業努力は金額として見えるかたちになる。

　機関投資家が世界で資産運用をしている場合、ブローカー・ポイントは証券会社の世界中の拠点に対して開示される。たとえば、同じ証券会社のなかでニューヨークやロンドン、香港でどのアナリスト、どのセールス担当がどれだけのポイントを得ているかがわかる仕組みになっている。無論、他社への評価はわからないが、アナリストは国内外の競合社（者）だけでなく、社内の同僚との比較にもさらされていることになる。

360度評価+コンプライアンス

　機関投資家といっても、運用資産額や売買頻度に大きな違いがある。証券会社としては委託手数料が大きい先が上客であり、セールス担当やアナリストはそうした先への営業が重要になる。ブローカー・ポイントは、投資家からの委託手数料をベースに加重平均されて、評価点となる。アナリストの総合評価に占めるブローカー・ポイントの割合は、一般に50％以上とされる。

　どの業界でも上客に対しては相応の対応がされているが、一方で新規顧客の開拓や大口の機関投資家であるにもかかわらず関係が疎遠となっている先へのテコ入れも必要だ。それを担うのはセールス担当だが、アナリストの協力も必要になる。証券会社によって異なるが、アナリスト評価の30％程度は、セールスからの内部ポイントと思われる。次の10％程度は、セールス以

外からの内部ポイントで、ジュニアアナリストやアシスタントなど自分の
チーム内からの評価のほか、トレーディングやバックオフィス、広報部など
からの評価が加わる。いわゆる、360度評価である。

　最後の10％は、自分のチーム内の人材育成や、コンプライアンス、ノー
ディール・ロードショーの幹事獲得などが含まれる。ノーディール・ロード
ショーはその名のとおり、公募増資や株式売出しなどのディールに絡まな
い、企業の海外投資家訪問を指す。幹事の獲得は、将来のディールにつなが
る可能性がある。アナリストがディールに絡む場合は、厳格なコンプライア
ンス規制が適用されるが、その遵守は当然の義務でもある。ディールに限ら
ず、重大なコンプライアンス違反は解雇の対象となる。

　なお、アナリストランキングの評価は、外資系の場合で0〜5％、最大で
も10％程度とみられる。会社全体として投資家からの評価が上がることはレ
ピュテーション面でプラスだが、各種ランキングの調査対象は上客ではない
顧客が含まれていることが多く、実際の収益とはリンクしないためである。

フラストレーションvs.テンション

　筆者は16年間の日系企業勤務の後に外資系に移ったが、個人的に感じたス
トレスを一言で表すと、日系企業ではフラストレーション、外資系ではテン
ションであった。フラストレーションの背景には、自分がしたい業務に就け
ないことや、職制上、なんらかの忖度が必要であったことがある。一方、外
資系では同僚のリストラに遭遇することもあり、常に高い緊張感を強いられ
た。どちらのストレスに耐性があるかは、人によって異なるだろう。

◆　◆　◆

　アナリストとしての25年間、筆者は銀行業界や内外の機関投資家の皆様か
らさまざまなご指導、ご鞭撻をいただきました。おかげさまで、テンション
にめげず業務を楽しく遂行できました。皆様には、あらためてお礼を申し上
げます。広い意味で銀行業に携わる方々に、本書が少しでもお役に立てれ
ば、望外の喜びです。

　末筆になりますが、本書の企画段階から惜しみのないご支援をいただい
た、株式会社きんざいの小田徹専務取締役に、心からの謝意を表します。

【主な参考文献】

［第1章］
・金融庁「我が国銀行業のコストに関する資料」
https://www.fsa.go.jp/singi/singi_kinyu/w_group/siryou/20120215/05.pdf
・全国銀行協会「平成元年以降の提携・合併リスト」
https://www.zenginkyo.or.jp/article/tag-h/7454/
・国立社会保障・人口問題研究所「日本の地域別将来推計人口（2018年推計）」
http://www.ipss.go.jp/pp-shicyoson/j/shicyoson18/t-page.asp
・yahoo! ファイナンス「世界の時価総額ランキング」
https://stocks.finance.yahoo.co.jp/us/ranking/?kd=4&tm=d
・United Nations, Dep. of Economics and Social Affairs, "World Population Prospects 2019"
https://s3-us-west-2.amazonaws.com/jnpc-prd-public-oregon/files//019/07/ab95ac9a-ac21-460a-bf95-a29aad0fdc82.pdf
・Wikiwand「勘定系システム」
https://www.wikiwand.com/ja/勘定系システム#/一覧_2
・ニッキン2021年1月1日号「地域銀　アライアンス戦略の現在地」

［第2章］
・DNB group "DNB in brief"
https://www.ir.dnb.no/about-dnb/dnb-brief
・Finextra "DNB restructured to meet small banking customers' digital needs"
https://www.finextra.com/pressarticle/68366/dnb-restructures-to-meet-small-business-banking-customers-digital-needs
・Life in Norway "what is Vipps?"
https://www.lifeinnorway.net/what-is-vipps/
・Norges Bank（中央銀行）"Norway's financial system"
https://www.norges-bank.no/en/news-events/news-publications/Reports/norways-financial-system/ ?tab=null&newstype=0&year=0&p=10
・The Knowledge Exchange "Digital Agenda for Norway"
https://theknowledgeexchangeblog.com/tag/digital-agenda-for-norway/

［第3章］
・DBS "Digital Transformation, Investors' Day, 2017"
https://www.dbs.com/investorday/index.html#agenda
・DBS Singapore "Market Place"

https://www.dbs.com.sg/personal/marketplace/
- Siew Choo Soh, DBS "Digital Transformation in Banking Industry, 2018"
  https://www.youtube.com/watch?v=McV0Q5GY-fM
- DBS Sparks Season 2
  https://www.youtube.com/playlist?list=PLfOzdEXVHj79dNl9InxjdcU0t9soVrL3Z
- Forrester "How DBS Has Optimized Its Operating Model, Governance and People"
  https://go.forrester.com/blogs/how-dbs-has-optimized-operating-model-governance-and-people-enablement-to-ensure-success-of-their-enterprise-data-platform/
- 日本総合研究所「シンガポールのスマートネーション戦略」
  https://www.jri.co.jp/page.jsp?id=34979

[第4章]
- Truist News Releases "Merger of Equal Between BB&T and Sun Trust will create Truist"
  https://media.truist.com/news-releases?item=122378
- Truist, Goldman Sachs U.S. Financial Service Conference, 2019
  https://ir.truist.com/events-and-presentation?item=25
- statista "Number of FDIC-insured commercial banks in the U.S. 2000-2019"
  https://www.statista.com/statistics/184536/number-of-fdic-insured-us-commercial-bank-institutions/
- Believe in Banking "The best practice in Brand Integration After Merger"
  https://believeinbanking.com/2020/10/06/best-practices-in-brand-integration-after-ma/
- Dave Kovalesky "3 Reasons to Like the New Truist Financial"
  https://www.fool.com/investing/2019/12/16/3-reasons-why-truist-financial-could-work.aspx

[第5章]
- U.S. Bancorp "Investors Day 2019"
  https://ir.usbank.com/events/event-details/us-bancorp-investor-day-2019
- U.S. Bank "8 Ways to increase employee engagement"
  https://www.usbank.com/financialiq/manage-your-business/find-and-manage-talent/ways-to-increase-employee-engagement.html
- U.S. Bank "Chief Diversity Officer Greg Cunningham recognized as Person of

the Year"
https://www.usbank.com/newsroom/stories/us-bank-chief-diversity-officer-
greg-cunningham-recognized-as-person-of-the-year.html
・Slideshare "State of the Global Workplace - Gallup Report（2017）"
https://www.slideshare.net/adrianboucek/state-of-the-global-workplace-gallup-
report-2017
・日本経済新聞社「「熱意ある社員」6％のみ　日本132位、米ギャラップ調査」
https://www.nikkei.com/article/DGXLZO16873820W7A520C1TJ1000/

［第6章］
・Handelsbanken "Our story of the group"
https://www.handelsbanken.com/en/about-the-group/our-story
・Handelsbanken UK "Local relationship banking"
https://www.handelsbanken.co.uk/en/
・smartasset "What Is a Bank Branch?"
https://smartasset.com/checking-account/what-is-a-bank-branch
・GOV.UK "Retail banking market investigation: overview"
https://www.gov.uk/government/publications/retail-banking-market-
investigation-overview
・BBC News "Sir Mervyn King writes to van man about bank loan"
https://www.bbc.com/news/business-21630828

［第7章］
・Edward Jones "Making Sense of Investments"
https://www.edwardjones.com/us-en/
・Edward Jones "Competitive compensation for experienced financial advisors"
https://careers.edwardjones.com/career-areas/experienced-financial-advisor/
compensation-and-benefits/
・statista "Leading securities companies in the U.S. in 2019, by revenue"
https://www.statista.com/statistics/185496/leading-us-securities-companies-by-
revenue/
・St. James's Place Wealth Management "Our investment story"
https://www.sjp.co.uk/shareholders/our-investment-story
・St. James's Place Wealth Management "Join our partnership"
https://www.sjp.co.uk/our-partnership

[第8章]

・Economics Online "UK structure of banking"
https://www.economicsonline.co.uk/Business_economics/Banks.html
・Craft "Revolut Company Profile"
https://craft.co/revolut
・Revolut "About us"
https://www.revolut.com/en-PL/about-revolut
・N26 "N26 2019/2020 Results and Company Outlook"
https://n26.com/en-eu/press/press-release/n26-2019-2020-results-and-company-outlook
・Craft "N26 Company Profile"
https://craft.co/n26
・ecommerce platforms "N26 vs Revolut, Which Bank Best Suits Your Needs?"
https://ecommerce-platforms.com/payments/n26-vs-revolut

[第9章]

・OakNorth Bank "Structured debt solution"
https://www.oaknorth.co.uk/business-loans/
・British Business Bank "Small Business Finance Market 2019/2020"
https://www.british-business-bank.co.uk/wp-content/uploads/2020/02/Small-Business-Finance-Markets-2019-20-report-1.pdf
・Disruption Banking "OakNorth, the intelligent challenger"
https://disruptionbanking.com/2019/07/30/oaknorth-the-intelligent-challenger/
・Klarna. UK "Shopping Just Levelled up"
https://www.klarna.com/uk/
・mobindustry "Buy Now, Pay Later（BNPL）Market Overview: Trends and Technologies"
https://www.mobindustry.net/buy-now-pay-later-bnpl-market-overview-trends-and-technologies/
・keystonelaw "Buy Now Pay Later firms to be regulated by FCA"
https://www.keystonelaw.com/ie/keynotes/buy-now-pay-later-firms-to-be-regulated-by-fca/
・Startup Talky "Nubank - Success Story"
https://startuptalky.com/nubank-success-story/
・Forbes "A Discussion With David Vélez At Nubank"
https://www.forbes.com/sites/alexlazarow/2019/08/22/globalizing-fintech-in-action-a-discussion-with-david-velez-nubank/?sh=13a02fe86cee

・Nubank "Do you have questions?"
https://nubank.com.br/en/faq/

[第10章]
・Chime "Banking with No Hidden Fees and Free Overdraft"
https://www.chime.com
・productmint "The Chime Business Model — How Does Chime Make Money?"
https://productmint.com/the-chime-business-model-how-does-chime-make-money/
・The Financial Brand "Is Challenger Bank Chime the Future of Retail Banking?"
https://thefinancialbrand.com/106322/challenger-bank-chime-future-retail-banking-trend-mobile/
・Wise "The Wise Story"
https://wise.com/gb/about/our-story
・Never Ending Voyage "Wise Multi-Currency Account Review"
https://www.neverendingvoyage.com/transferwise-borderless-review/
・金融庁「資金移動業者登録一覧」
https://www.fsa.go.jp/menkyo/menkyoj/shikin_idou.pdf
・fincog "Why challenger banks struggle with profitability"
https://www.fincog.nl/blog/15/the-profitability-challenge-for-challenger-banks
・Monzo Bank "Annual Report & Group Financial Statement 2020"
https://monzo.com/static/docs/monzo-annual-report-2020.pdf
・Forbes "Sad Demise Of Europe's Neobanks"
https://www.forbes.com/sites/daviddawkins/2020/08/24/the-sad-demise-of-europes-neobanks/?sh=dd3a497223a

[第11章]
・HSBC Holdings plc "Report on Transition to IFRS 9 'Financial Instruments' 1 January 2018"
https://www.hsbc.com/investors からIFRS 9 transition で検索
・JPMorgan & Chase "Investors Relation"
https://www.jpmorganchase.com/ir
・Wells Fargo "Investor Relations"
https://www.wellsfargo.com/about/investor-relations/
・GAAP Dynamics "Credit Impaired Differences Between U.S. GAAP and IFRS"
https://www.gaapdynamics.com/insights/blog/2019/02/19/credit-impaired-

differences-between-u.s.-gaap-and-ifrs/#:~:text=IFRS%209%20defines%20
POCI%20as,that%20financial%20asset%20have%20occurred
・日銀レビュー「予想信用損失（ECL）型引当の特徴と運用面の課題」
　https://www.boj.or.jp/research/wps_rev/rev_2019/data/rev19j09.pdf
・日銀レビュー「共通シナリオに基づく一斉ストレステスト」
　https://www.boj.or.jp/research/wps_rev/rev_2020/data/rev20j13.pdf

[第12章]
・IMF "Financial Access Survey"
　https://data.imf.org/?sk=E5DCAB7E-A5CA-4892-A6EA-598B5463A34C
・Credit Suisse "Millennials and Gen Z: spot the difference"
　https://www.credit-suisse.com/about-us-news/en/articles/news-and-expertise/
　millennials-and-gen-z-spot-the-difference-201908.html
・金融庁「コーポレートガバナンス・コードと投資家と企業の対話ガイドラインの
　改訂」
　https://www.fsa.go.jp/news/r2/singi/20210406.html
・金融庁「金融審議会市場ワーキング・グループ市場構造専門グループ報告書の公
　表」
　https://www.fsa.go.jp/singi/singi_kinyu/market-str/report/20191227.html
・日経BP「2021年版「女性が活躍する会社BEST100」」
　https://www.nikkeibp.co.jp/atcl/newsrelease/corp/20210507/

海外に学ぶ　ポストコロナの銀行モデル
──ピンチはチャンス

2021年8月5日　第1刷発行

著　者　山　田　能　伸
発行者　加　藤　一　浩

〒160-8520　東京都新宿区南元町19
発　行　所　一般社団法人　金融財政事情研究会
企画・制作・販売　株式会社きんざい
出　版　部　TEL 03（3355）2251　FAX 03（3357）7416
販売受付　TEL 03（3358）2891　FAX 03（3358）0037
URL https://www.kinzai.jp/

校正：株式会社友人社／印刷：株式会社日本制作センター

ISBN978-4-322-13957-0